우린, 자판 필사하고 책 쓰기 도전합니다

책 쓰기 비법은 자판 필사이다

우린, 자판 필사하고 책 쓰기 도전합니다

책 쓰기 비법은 자판 필사이다

수킴 · 민지혜 · 박경운 · 나애정

생각의빛

01 수킴 - 멀리, 캐나다에서 자판 필사한다

멀리, 캐나다에서 자판 필사합니다 -11

아무것도 모르면서 시작한 필사였다 -18

아이디어 공작소가 된 필사! -24

T자형 인간으로 만들어 주는 필사! -31

필사는 느리게 읽는 독서법이다 -37

필사는 세월의 주름을 펴주는 비책이다 -43

필사라는 씨앗을 품었을 뿐인데 -49

우습게 봤던 필사가 바꾼 것들 -55

드디어, 책 쓰기 도전한다!! -62

02 민지혜 - 자판 필사, 책 쓰기 꿈을 이루는 비법이다

아이가 어리지만, 매일 자판 필사합니다-69

필사는 엄마 자신만의 시간을 가지게 한다-75

산 넘어 산인 육아, 필사로 힐링한다-82

〈책성원〉을 만나면서 꿈을 현실화하고 있다-89

긴 글쓰기의 첫걸음 자판 필사-98

자판 필사는 생각을 정리하는 내적 필라테스다-106

필사는 나를 깨우는 커피 한잔과 같다-115

새벽 필사가 좋은 이유-122

자판 필사, 책 쓰기 꿈을 이루는 비법이다-130

03박경운 - 어싱이나 필사나 중요한 것은 꾸준함!!

어싱하고 필사하는 긍정폴입니다-138

데일리 필사를 놓치지 않으려는 이유는-145

자판 필사하면서 글쓰기에 익숙해진다-152

자판 필사하면 마음도 안정된다-159

어싱이나 필사나 중요한 것은 꾸준함이다-166

어싱으로 건강을 챙기고 필사로 내면을 채운다-174

책 쓰는 온라인 모임에서 얻는 것들-183

필사의 새로운 영역은 자판 필사이다-191

우린, 데일리 미션하면서 책쓰기에 도전한다-199

04 나애정 - 작가 되는 핵심 2가지는 자판 필사와 감상 글쓰기

사람들은 책을 쓰고 싶어합니다-207

필사가 책 쓰기 기본인데, 잘 모른다-215

손 필사 말고 자판 필사해라-223

책을 쓰려면 자판 필사해야 하는 진짜 이유-231

〈책성원〉에서는 모두 작가다-239

작가 되는 핵심 2가지는 자판 필사와 감상 글쓰기-247

꾸준히 쓰는 사람이 책을 쓴다-255

자판 필사하면 글쓰기 자신감이 생긴다-262

글 쓰는 몸 만들고 책 쓰기 시작해라-268

제1장

수킴

멀리, 캐나다에서 자판 필사합니다

멀리, 캐나다에서 자판 필사합니다

"당신의 꿈은 무엇인가요?"

1986년 이민을 온 후 새로운 환경에 적응하는 것과 두 아이의 육아로 어렵고 힘든 시간을 보내던 때, 남편의 제자가 선물한 책 한 권이 나를 살려 주었다. 사실 읽을 책이 없어서, 더구나 한국어로 된 것이 없다 보니 영어책임에도 열심히 읽었던 시간. 그 안에서 나는 새로운 금맥을 발견하게 되었고, 그로 인해 그동안의 어영부영 세월만 보내던 삶에서 변화의 동아줄을 붙잡게 되었다. 종일 독박 육아로 아이들에게 매여 있으면서 아무것도 할 수 없던 시간이었는데 그렇게 준비 없이 살다 보면 어느 순간 인생의 중요한 때, 준비하지 않은 탓으로 인해 폭풍을 만나 쫄딱 망하게 된다는 것이다. 정신이 번쩍 들었다.

'맞아 이렇게 맥 놓고 아이들과 씨름만 하다 보면 어느새 나이는 들어가고 무심히 세월이 갈 것이며, 내 꿈은 사라질 거야.'

그래서 어느 날 아이들이 잠든 틈을 이용해 책상 앞에 앉아 노트를 펴고 하고 싶은 일을 죽 써 내려 갔다. 아울러 어떻게 시간 활용을 잘 할것인지, 그 방법에 대해서도 구체적으로 적어 나갔다. 그리고는 우선 순위를 정하고 하나씩 실천해 나갔다. 그 후로 지금까지 일을 처리할 땐 늘 우선순위대로 하는 습관이 나도 모르게 길들여졌다. 이렇게 어쩌다 만난 책 한 권이 내게는 큰 선물이요, 꿈을 가지고 사는 인생으로 변하게 해주었다.

나는 캐나다에 39년째 살고 있는 할머니다. 할머니인 내가 요즘 하는 일은 필사다. 70을 향해 달려가고 있지만 내겐 꿈이 있다. 글 쓰며 평생 책 쓰는 삶을 살고 싶은 내 꿈, 여기에 하나 더! 바로 필사다.

코로나가 우리 생활 전반을 짓누르며 위협하던 때, 그 기간이 모두 나쁜 일만 있었던 것은 아니었다. 오히려 내겐 코로나가 준 선물이 많다. 그중 하나가 '필사'라는 친구다. 호기심 가득한 채 이 친구에게 선뜻 손을 내밀었고, 그 덕분에 음지에서도 피어나는 꽃처럼, 일상의 또 다른 변화와 성장이 생겼다. 나로 하여금 꿈을 가지고 살게 해 준 책. 오래전에 읽었던 책 속의 문장을 다시 떠올리며 필사를 만나고, 또 한 번의 변신을 하게 되었다. 더 이상 이것저것 핑계 대지 않고 구체적으로 어떤 인생을 살고 싶은지 다시 생각하게 된 것이다. 그래서 새롭게 쓴 내 꿈은 '필사하며 글 근육을 키우고 이것으로 책 쓰기에 도전'하는 것이다. 그리고 내가 알게 된 필사의 비밀을 다른 사람에게 알려 동기 부여를 하고, 희망의 날개를 달아주는 사람이 되고 싶다. 그러기에 오늘도 이곳 캐나다에서 날마다 즐겁게 필사하고 있다.

　2019년 12월, 중국 우한에서 시작된 코비드 19, 온 세계가 재앙 속에 갇혀버렸다. 친구는 물론이고 가족과도 오가지 못하고 집안에만 박혀 있어야 했다. 이런 우중충한 시간 동안 갑작스런 시어머님 상까지 당해 장례식을 치러야 했다. 무섭게 쏟아지는 눈발은 처연하기만 했고, 매서운 추위가 묘지 주변에 그득했던 그날. 이 어둠의 터널을 어떻게 빠져 나와야 할지 감을 잡을 수 없었다. 하지만 이런 코비드의 어둠 가운데서도 살아날 방법을 찾기 시작한 사람들은 빠르게 움직였고, 세계는 무서운 속도로 가까워졌다. 어디서나 온라인이 대세가 되었고, 줌 모임으로 못 하는 게 없는 시대가 되었다. 나 역시 이런 힘들고 우울한 이 때에 뭐라도 해야 했다. 답답한 세월, 그저 시간 죽이기만 할 수는 없었다. 모든 것이 정지된 듯, 뼛속까지 춥고 시리던 암울한 시간을 무엇을 하고 살아야 하는지 하나씩 생각하며 정리해 보게 되었다. 그중의 하나가 잠자고 있던 인스타 계정을 부활시켜, 서울 및 다른 지역 한국분들과 소통하기 시작했다. 또한, 해외에 사는 분들과도 독서 모임을 하면서 책을 읽고 나누게 되었다. 그 나라의 문화며 사는 이야기를 하면서 마치 한 장소에 있는 것같이 느껴졌고, 오랜 기간 서로 만나왔던 것처럼 친밀감을 주었다. 스페인, 영국, 스코틀랜드, 캐나다, 서울, 프랑스, 슬로바키아, 헝가리에 살고 있지만 '글'로 수다를 떨면서 정을 나누며 즐거워했다. 그렇게 오직 책 읽기만 하던 시간이었다.

 코비드가 지나가면서 일상으로 돌아오게 되었지만, 여전히 오프라인 보다는 집에서 줌으로 하는 게 더 편하고 좋았다. 줌으로 하면 세계 어디서나 화면으로 만날 수 있고, 소통이 이루어진다. 이런 편리한 세상, 가까워진 세계 속에 살기에 오히려 더 사람과의 관계망도 넓어지게 되었다. 하루는 인스타를 둘러보다 늘 관심이 있던, 집에서 된장 담그는 이야기를 보게 되었다. 마침, 그녀는 나랑 가까운 지역에 살고 있었기에 전화 통화를 하며, 된장 담그는 이야기를 들을 수 있었다. 똑 부러지는 말씨와 특이한 목소리가 인상에 남았다. 그녀의 프로필을 보니, 공저 작가이기도 하고 필사를 하고 있었다. 웬 필사? 한국에서 한창 필사 열풍이 불더니 이곳 캐나다에서도 필사하는구나 싶었다. 필사를 왜 하는지 묻게 되었고, 그녀는 필사로 인해 글을 쓰는 힘을 키워 책을 쓴다고 대답해 주었다. '도대체 어떤 책을 쓰냐?', 또 물었더니, 일종의 자기 계발서라고 했다. 결국 필사로 책을 쓴다는 것인데 필사와 책 출간의 상관관계가 확 와 닿지는 않았다. 그저 거기까지였다. 그런데 며칠 후 저녁, 그녀가 했던 말이 스르륵 떠오르더니 생각이 깊어지게 되었다. '필사라고?', '필사로 책을 쓴다고?' 가슴속에 책 한 권 내고 싶다는 버킷리스트를 간직하고 있던 터라 다시 연락하게 되었고, '밑져도 본전'이라는 생각으로 그녀가 알려준 모임에 함께 하게 되었다. 그리고 지금은 매일 필사 하고, 모임을 통해 동기부여를 받으며 책 쓰기의 몸을 키우고 있다.

   작은 화분 하나 옮겨 심는 것도 쉬운 일이 아니다. 뿌리를 잘 내리며 자라고 있는지 수시로 점검해야 한다. 하물며 나라를 바꾸어 사는 해외살이는 말해 뭐하겠는가? 늘 알고 있고 익숙한 곳을 떠나는 것부터, 그전에 알고 있고 익숙해져 있던 모든 것을, 새로운 땅에 맞춰 살아야 하는 것이 이민의 삶이다. 외국에 산다니까 무언가 다를 것 같지만 인생살이가 다 거기서 거기 아닌가? 문제는 어디에 사느냐가 아니라, 어떻게 사느냐가 문제다. 이런 힘든 이민의 삶 속에서 나를 지켜주는 나침반이 있었다. 바로 하나님의 말씀이다. 삶의 바른 방향을 알려주는 하나님 말씀인 성경과 독서를 양손에 쥐고, 이것을 내 삶의 무기로 삼았다. 그러다가 알게 된 필사는 또 다른 곳을 바라볼 수 있는 망원경이 되어주었다. 아침마다 성경 말씀으로 묵상하며 생각과 마음에 푯대를 꽂고, 필사 퍼포먼스를 한다. 노트북을 열고 필사할 책 한 권을 펼쳐, 찬찬히 책 속의 글을 옮겨 적는다. 그러면서 시작되는 느린 독서법은, 앉아서 하는 세계 여행이다. 작가가 옮기는 발걸음을 따라 미국에도 가고, 전라도도 구경한다. 이런 재미가 있기에 언제나 필사는 설렘으로 시작해서 기쁨으로 마무리하게 된다. 내가 함께하는 모임원들은 이미 필사를 통해 책을 낸 작가들이기에, 그들이 만들어 놓은 길을 무작정 따라 걷기로 했다.

단순히 책 한 권 쓰고 싶다는 마음으로 필사를 시작했는데, 미처 알지 못했던 필사의 유익함과 가치에 놀랐다. 필사하다 보니 알게 되고 얻게 되는 작은 기적들. 아직 필사를 모르고 있는 사람들에게 어서 이 경험을 해보라고 외치고 싶다. 책 읽기에 빠지다 못해 책에 미친 여자였던 나는 2020년 한해에 천 권을 읽어 치운 경험이 있다. 하지만 이렇게 많은 책을 읽은 것보다 필사하는 것이 더 유익함을 주었다. 몇 권 읽었느냐가 중요한 게 아니다. 그 안에서 얼마나 많은, 가치 있는 보배를 취했느냐가 더 귀하다. 또 그것으로 어떻게 내 삶에 적용해서 더 나은 나로 성장했느냐가 관건이다. 많은 책을 읽기보다 단 한 권의 책을 필사하며 느리게 읽는 독서가, 내겐 특별한 성장 경험을 하게 해 주었다. 뭔가 새로워지고 싶은 마음이 꿈틀대고 있다면 필사하기를 바란다. 의심하지 말고 나처럼 '밑지면 본전'이란 마음으로 해보기를 권한다.

코비드 이후 세계가 하나라는 것을 피부로 느끼며 사는 시대다. 이젠 더 이상 거리가 문제 되지 않는다. 한국과 멀리 떨어져 있지만 2주마다 온라인 줌 모임을 통한 만남은, 함께 참여하는 이들과 나누는 필사 이야기, 책 쓰는 이야기를 하며 서로가 동기부여를 받고 있다. 책상 앞에서 나 혼자 하는 필사가 아니라, 공동체의 힘으로 목표를 향해 나아가고 있다. 필사는 나 혼자 하지만, 단식경기가 아닌 복식 단체경기와 같다. 일단 시작하면 필사의 맛을 느끼게 되어 있다. 혹시 아직도 필사에 대해 모르고 있다면 일단 해보기를 권한다. 뭐든 직접 해보지 않고는 알 수 없는 법이다. 이제 필사는 그저 한국에서만 하는 '필사 전국구'가 아닌, '필사 세계구'다. 책 출간이란 꽃 하나를 피우기 위해, 나는 필사 최강자가 되고 있다. 그리고 여기에서 얻어지는 열매로 내 삶의 마법을 경험하고 있다. 꿈이 있기에 오늘도 나는 캐나다에서 즐겁게 필사한다.

아무것도 모르면서 시작한 필사였다

친정엄마의 음식 솜씨는 모두가 알아주는 손맛이다. 종종 우리 집에 오시게 되면, 냉장고 속 재료로 멋진 한 상을 만들어 주시곤 했다. 늘 있는 식재료, 언제나 똑같이 해 먹게 되는 반찬인데 이런 재료들로 엄마는 보기 좋고, 맛있는 별미를 뚝딱 만들어 내시곤 하셨다. 어째서 엄마는 그렇게 쉽고 간단하게 요리를 잘하셨을까? 아무것도 모르면서 부엌에 서서 음식을 하던 시절, 엄마는 나의 친절한 요리 선생님이셨다. 요리에 대해 모르면, 아무리 재료가 많이 있어도 어떻게 만들어야 할지 감이 안 온다. 해법은 그냥 엄마에게 전화해서 물어보는 것이다. 그러면 엄마는 자세하게 마치 그림을 보는 것처럼, 일일이 설명해 주시고 재료 다듬는 법부터 어떻게 조리해서 맛있는 한 그릇 요리로 만들어 내는지를 알려 주셨다. 이런 시간이 쌓이면서, 요리에 대한 감을 조금씩 알게 되었고 때론 엄마보다 잘하는 음식도 생겨나곤 했다.

'필사가 뭐지?', '어떻게 하는 거지?' 처음 필사를 대했을 때 느꼈던 막막함 앞에서 난 엄마를 떠올렸다. 모르면 무조건 엄마에게 물어 답을 얻었던 것처럼, 그저 하라는 대로 따라 하기 시작했다. 물어보고 하는 것처럼 쉬운 것은 없다. 필사에 대해 아무것도 몰랐지만, 가랑비에 옷 젖듯이, 필사에 젖어 들게 되었다. 부뚜막의 소금도 집어넣어야 짜듯, 모든 것은 내가 직접 해봐야 알 수 있는 것이다. 내게는 필사가 그러했다. 어느 날 내게 다가온 필사는 손 필사가 아닌 자판 필사였다. 종종 교회에서 구역끼리 타이핑으로 성경 이어쓰기를 한다는 이야기를 들은 적은 있으나, 별 관심이 없었기에 그저 흘러들었었다.

호기심도 설렘도 없던 필사였다. 그런데 인스타에서 알게 된 K의 자판 필사 이야기를 듣고 도대체 왜 사람들이 아까운 시간을 들여가며 필사를 하나, 궁금하기도 했고 직접 경험해 보라는 마음이 들었다. 매일 하루에 A4 2장에서 2장 반을 자판 필사를 하라고 했다. 처음엔 자판 치기도 너무나 힘들었다. 게다가 내가 사용하는 키보드는 영어로만 되어 있어서 오타투성이었다. 그저 내 손가락의 오랜 기억대로 자판을 쳤다. 책을 보며 타이핑을 해야 하고, 하다 보니 어깨며 허리가 아파왔다. 처음엔 거의 2시간이나 걸렸고, 이건 그냥 베껴 쓰는 노동이었을 뿐이었다. 그래도 시작한 것이니 어떤 결과물을 얻게 될지 상상하며 매일 필사를 이어 나갔다. "서당 개 3년이면 풍월을 읊는다."라는 속담처럼 무엇이나 꾸준히 하면 자연스럽게 그 분야에 전문가가 된다는 걸 알게 되었다. 처음엔 그저 글을 옮기느라 바빴는데, 하루 이틀 그리고 한 달 두 달이 지나면서부터는, 글이 보이기 시작했다. 문장에 색깔이 입혀지고 작가의 생각까지 추측하며 알아가는 재미가 있었다. 시작이 반이라는 말도 그래서 더 의미 있게 다가왔다. 처음 한 발 내딛기가 어려운 것이지 일단 내디뎠으면 갈 수 있다. 아직도 필사를 안 해보신 분들이라면 나의 이 경험을 믿고 한번 도전해 보시라고 권하고 싶다. 항구에서 떠나지 않고 언제나 묶여 있는 배는 매력이 없지 않은가? 배는 출항할 때가 가장 멋있고, 배의 가치가 있는 법이니 말이다.

　오래전에는 인쇄 기술이 발달하지 않아서 손으로 쓸 수밖에 없었고 필사가 직업군이기도 했다, 하지만 요즘은 누구나 책을 쓰는 시대이기에, 글을 잘 쓰고 싶은 사람이나 마음 훈련을 위해서라도 필사한다고 한다. 물론 손 필사를 선호하는 사람들도 여전히 많다. 하지만 손으로 하는 필사나 자판을 치는 필사나 그 효과는 동일하다고 본다. 오히려 손으로 하는 필사는 손이 아파 오래 하기 힘들다는 단점이 있다. 그에 비해 자판 필사는 빠르고 쉽다. 그래서 편하게 필사할 수 있다는 장점이 있다. 나는 기계치로 노트북을 사용하지 않은 지가 오래 되었었다. 그저 스마트폰 하나면 모든 걸 할 수 있기에 언제부턴가 한쪽으로 밀려나 먼지를 뒤집어쓰고 있던 노트북이었다. 필사하기로 마음먹은 뒤 겨울잠을 자던 나의 노트북은 부활 되었고, 날마다 나와 함께 필사여행을 하고 있다. 어린아이처럼 하라는 대로 하나, 둘씩 따라가며 매일 정해진 분량의 필사를 하는 것에 점점 빠져 들었다. 필사는 '글쓰기의 몸을 만들어 주는 기본기'라는 말을 기억하며 날마다 글쓰기 근육을 키웠다. 아무것도 모르고 시작한 필사였지만 길을 안내하는 멘토 작가를 비롯해 함께 하는 분들이 있기에 지치지 않고, 모임 때마다 새로운 의미를 부여받으며 계속 필사하고 있다.

   아직 필사에 대해 모르고 있는가? 필사를 통해 어떤 변화가 일어나는지 궁금하지 않은가? 필사하기 위해서는 일단 필사할 책 한 권을 펴고, 매일 A4 2장 반 분량을 따라 쓴다. 이건 그 책의 소제목 즉 1꼭지를 그대로 옮겨 쓰는 작업이다. 이것이 필사 준비 전부다. 처음엔 모르니 아이처럼 정성 들여 글자만 썼을 뿐이었다. 그런데 하다 보니 나름대로 요령이 생기게 되고 필사 속도도 조금 빨라졌다. 그런데 중요한 건 속도가 아니었다. 한 문장 한 문장 글을 따라가며 문장을 곱씹어 보는 재미며, 작가의 의도를 추측하게 된다. 이것이 다가 아니다. 작가의 글을 필사하며 얻은 아이디어로 새로운 문장으로 바꿔 써 보는 놀이도 한다. 매일 해야 할 나의 하루 습관 속에 당당히 서 있는 필사 시간이, 이젠 하루의 에너지를 공급하는 귀한 우물물 같은 존재다. 지금 뭔가를 찾고 있는가? 변화를 바라지만 어떻게 해야 할지 몰라 머뭇거리고 있다면 필사를 권하고 싶다. 필사하면 마음의 안정을 찾을 수 있는 시간을 가지게 된다. 또 자신을 돌아보게 되고 깊숙이 마음을 들여다보기에 저절로 치유를 경험할 수 있다.

필사하는 걸 하찮게 여기며 관심도 두지 않았던 내가, 이제는 필사에 취하고 아예 중독까지 되어 버렸다. 어떻게 그렇게 변했느냐고 묻고 싶을 것이다. 처음엔 '이게 정말 효과가 있으려나?' 반신반의하며 시작했는데 매일 책을 베껴 쓰면서, 어제와 다른 오늘이 펼쳐짐을 경험하게 되자, 필사에 대한 나의 의심은 순식간에 걷히게 되었다. 필사를 대하는 나의 태도가 바뀌었기에 이젠 아예 필사 중독자가 되어 버렸다. 인생에서 가장 중요한 건 삶의 태도라는 말을 들은 적이 있다. 태도를 바꾸면 삶의 질이 높아지고 좋아진다고 한다. 우습게 여겼던 필사! 관심도 없었던 필사가 '한번 해보자'라고 생각과 태도를 바꾸니, 일사천리로 필사를 향해 달려가게 되었고, 귀한 가치를 건져낼 수 있게 되었다.

아무것도 모르고 한 필사는 내게 로또 당첨의 행운을 안겨 준 요술봉이다. 보통, 운동하기 전에 준비운동을 한다. 이것이 없으면 운동하다 다칠 수도 있고, 여러 무리가 따르기에 꼭 몸풀기를 강조하고 있다. 그렇듯 뭐든 기본기가 중요하다. 필사를 통해 글을 쓰고 읽으며, 조금씩 글쓰기 근육을 키워간다. 글은 엉덩이로 쓴다는 말도 있다. 맞다. 이런 노력이 없다면 어떤 변화도 일어나지 않는다. 어디 가서 맛있는 짜장면 한 그릇에 감동하면 나도 모르게 주위에 마구 선전하게 된다. 이렇듯 관심 없는 필사였고 아무것도 모르면서 한 필사지만, 나는 이제 필사 예찬론자가 되어, 만나는 사람들에게 두루 알리고 있다. 글쓰기를 원하는가? 책 쓰기의 버킷리스트를 간직하고만 있는가? 품고 있지만 말고 이제는 행동하라! 필사라는 꿈의 씨앗을 뿌려보라. 난 필사 습관으로 인생의 지도를 바꾸게 되었다. 그뿐 아니라 이 작은 습관으로 내 인생에 장밋빛 불을 밝혀 준 필사는 감동 그 자체다. 필사 만세!!

아이디어 공작소가 된 필사!

휴가로 캐나다 동쪽에 있는 노바스코샤를 다녀왔다. 단체여행으로 갔었으면, 오히려 경비도 싸고 쉽게 다녔을 거다. 하지만 우리가 원하는 대로 자유와 여유를 만끽하며 다니지는 못했을 것이다. 공항에서 내려 차를 빌려 우리의 첫 목표지인 '케이프브랜튼 국립공원'으로 향했다. 세계에서 가장 아름다운 드라이브 코스로 알려져있는 이곳은, 장장 298km로 해안선을 따라 굽이굽이 이어진다. 드라이브를 좋아하는 사람이라면 한 번쯤은 달려 보고 싶으리라. 영화 배경 속에 들어앉아 있는 느낌이었다. '케봇 트레일'이라고 유네스코에도 등재되어 있는 곳이다. 이렇게 아름다우리라고 전혀 상상하지 못했던지라 보너스 받은 기분이었다. 여행하다 보면 예상 밖의 일을 만나기도 하고,

뜻하지 않은 횡재를 누리기도 한다. 여행을 통해 만나는 사람이나 접하게 되는 환경, 음식 이 모든 것이 삶의 귀한 재료로 차곡차곡 추억과 함께 쌓이게 된다. 여행 후 정리하는 과정엔 기쁨이 있고, 하나하나 주워 왔던 재료들을 보며 이것들로 새로운 뭔가를 만들어 낼 것임을 알기에 즐거움이 샘솟는다.

  필사하는 것도 마찬가지다. 따라쟁이같이 그저 베껴 쓰는 것이 아니다. 필사하며 발견한 새로운 생각이나, 그 생각이 꼬리에 꼬리를 물며 또 다른 아이디어를 떠올리게 해준다. 마치 패키지여행이 아닌 자유여행에서 얻게 되는 예상 밖의 선물처럼 말이다. 이런 것들은 모두 글감이 되는 씨앗들이다. 번득이는 찰나의 생각으로 건진 날 것들을, 소가 되새김질하듯 곱씹으며 숙성시키는 일이 필요한 것이다. 이런 과정을 거쳐 나의 공작소는 차곡차곡 생각들이 쌓이고 아름다운 아이디어로 반짝거린다. 모두가 새롭게 태어날 글의 재료들이다.

  모방은 창조의 시작이라고 말하지 않던가. 유명한 예술가들을 봐도 그들이 처음에 한 것은 그림이나 음악을 단순히 모방하는 것으로 시작했다. 입체파의 거장이며 독특한 화풍으로 유명한 피카소 역시 모방의 대가였다. 자기 아버지 그림부터, 대가들의 그림을 끊임없이 베껴 그렸다고 한다. 안도현 시인도 백석 시인의 작품을 필사했고, 시나리오 작가인 윤태호도 다른 작가들의 작품을 베껴 쓰는 훈련을 통해 자기만의 이야기를 만들어 냈다고 한다. 하지만 그저 그대로 모방하는데 그치지 않고, 그 모방의 힘으로 자신의 스타일을 만들어 냈다. 성악가들도 처음엔 다 남의 소리를 따라 연습하다가 다른 사람들과의 차별화를 만들어나간다고 한다. 이 세상에 새로운 건 하나도 없다 하지 않는가.

필사도 모방의 좋은 예다. 단순히 책 그대로를 옮기는 게 아니다. 타이핑 하면서 책 속의 문장이나 단어, 작가의 마음을 따라가며 손으로는 자판을 치고, 머리로는 생각하고, 눈으론 책을 따라가야 한다. 그러면서 머릿속에 떠오르는 생각들을 건져 올리는 작업을 한다. 그러다 보니 온몸이 조화롭게 움직이게 되는 이점도 있다. 해 아래 새로운 것은 없으며 (전도서 1장 9절) 이 세상의 새로운 발명은 없다고 한다. 이미 모두 다 되어 있는 것에서 훔치고 베끼는 가운데 새로운 창작물이 생기는 것뿐이다. 그래서 자꾸 따라 해봐야 실력이 늘고, 실력이 늘게 되면 자신감이 생기며 본인만의 차별화가 이루어지는 것이리라.

내가 닮고 싶은 사람이 누구인지, 어떤 작품처럼 쓰길 원하는지, 모델을 잘 선정해서 매일 연습한다면 원하는 것을 이룰 수가 있다. 이렇게 모방은 단순히 베끼는 데 그치지 않고, 새로운 창조의 시발점이 되어준다. 나 역시 필사를 통해 문장을 이해하고 더 깊이 알게 되고, 글을 통해 나 자신을 돌아보기도 하고 새로운 깨달음을 얻는다. 그뿐 아니라 그 안에서 나만의 아이디어를 훔쳐 온다. 도대체 어떻게 아이디어를 캐내는지 나의 방법을 3가지로 설명해 보겠다.

첫째, 문장을 천천히 음미하며 자판을 친다. 문장을 곱씹다가 느낌이 오면 필사를 멈춘다. 그리고 이 느낌을 노트에 쓴다. 이러면 하나의 아이디어가 저장되는 것이다. 예를 들어 "필사는 글쓰기의 몸을 만드는 기본기다."(나애정)란 글을 보았을 때 나의 기본기를 점검하게 된다. 지금 필사를 통해 글쓰기 몸을 만들어 가는 과정인데, 여기서 내가 무엇을 더 해야 할지 생각해 보고 머릿속에 떠오르는 단어를 ('기본기'라던지 '근육'이라던지) 노트에 적어둔다. 문장뿐 아니라 작가의 의도를 알아채고 그 가운데 내 생각들을 적는다. 닉 부이치치의 책을 읽고 '태도가 삶의 높이를 정하는구나'라고 생각하면 이것을 필사에 대입해 보는 것이다. 그런 가운데 좋은 생각이 떠오르게 된다. 예를 들면 이런 식이다. 필사가 내 삶의 질을 높일 수 있는 것이 무엇이 있는지를 생각하는 것이다. 무엇이 필사를 통한 값진 삶이 되고, 그 삶이 태도를 형성하게 되는지를 생각한다. 필사는 옮겨쓰기 하나에 그치는 게 아니라 시야를 넓혀준다. 이렇게 남의 글을 그대로 베껴쓰는 모방을 통해 얻는 창의성이 진짜 선물이다.

둘째, 매일 일정 분량을 꾸준하게 필사함으로 필사력을 높인다. 높아진 필사력으로 광부가 금맥을 찾듯이 나만의 아이디어를 캐내게 된다. 경영 현장에서 쓰는 3T 기법으로 Timing(타이밍), Target(타겟), Title (타이틀)이 있다. 이것처럼 필사에도 시간적인 매니징을 해야 하고, 필사하는 목적이 어디에 있느냐에 따른 타겟이 있어야 한다. (나의 경우 책 쓰기 위한 훈련) 그리고 지금 내가 하고 있는 자판 필사에 대한 제목을 붙여 주는 것이다. 이 작은 행동 하나가 자존감 상승에 큰 역할을 한다. 나의 경우 이렇게 이름 지었다 '내 삶의 당당한 필사 퍼포먼스'. 필사란 내게 책 쓰기를 위한 '필사사고법'이고 매일 건져 올리는 아이디어들로 저장고가 꽉 찬, 기분 좋은 시간이다. 내가 하고 싶은 말을, 때론 작가의 글을 베껴 쓰면서 만나게 되고, 혹은 그 글을 통해 나 스스로 만들어내기도 한다. 그래서 난 이 3가지 기법을 그대로 훔쳐 와, 적용하여 나만의 '3T 필사 혁명기법'이라고 부른다.

셋째, 나만의 저장소에 있는 아이디어를 꺼내와서 새로운 창조를 하는 시간이다. 여기서 얻어진 영감으로 쓰고 싶은 책의 제목을 지어 내기도 하고, 글 쓸 때 나만의 색깔로 바꿔 사용하기도 한다. 사람들을 인터뷰하면서 느끼게 되고 마주하게 되는 타인의 삶에서 내 모습을 비춰보는 것처럼 필사는 다른 사람의 삶을 나의 이야기로 재조명해서 읽어 내고 발견하는 재미나는 작업이다. 이걸 직접 해보고 싶지 않은가? 아무리 좋은 것이라도 내가 취하지 않으면 무슨 소용이 있겠는가? 말을 끌고 냇가로 갔더라도 말이 물을 먹지 않는다면 헛일인 것이다. 물을 마시는 건 말이 해야 할 일이기에 그렇다. 필사의 힘은 무궁무진하다. 엄청난 보물로 꽉 차 있는 필사의 광맥을 캐보고 싶지 않은가? 기회가 왔을 때 놓치지 말라. 순간의 선택이 미래를 여는 문이기 때문이다. 주저 말고 일단 해보기를 권한다.

 아이디어 공작소가 된 필사, 이건 단순히 남의 글을 그대로 옮겨적는 것이 아니다. 필사는 한마디로 올인원 패키지라고 할 수 있다. 필사 하나 하는 건데 내가 알고자 하는 것들이 다 들어있기 때문이다. 필사를 통해 얻은 것들을 퍼즐 조각처럼, 내 삶에 이 모양 저 모양으로 이어 붙여 본다. 이 시간은 나의 내면에 에너지를 일으켜 내는 시간이고, 글에 대한 감각을 알게 되는 재미나 놀이다. 하나, 둘, 쌓인 나만의 아이디어 공작소를 들여다보는 것 또한 나의 행복이다. 필사라는 낚시를 통해 건져낸 아이디어들은 갓 잡은 생선 모양 펄떡거리며 생명을 토해낸다.

 첫술에 배부른 것이 어디 있겠는가? 어린 아기가 처음엔 옹알이를 하다가 엄마의 말소리를 들으면서 하나씩 말을 배워가고 새로운 단어를 알아가지 않는가. 나 역시 필사라는 모방 행위로 남의 글을 따라 적고, 흉내 내며 많은 선물을 받아 누리고 있다. 이제 나는 필사하며 글 속에서 건져 올린, 반짝거리는 문장들과 아이디어로 가득 찬 아이디어 공작소 소장이다.

T자 인간형으로 만들어 주는 필사!

점점 새로운 기술로 고급화되어 지고, 빠른 속도로 변화하는 요즘 세상에서, 종종 듣는 이야기가 있다. 많은 사람이 있지만 정말 꼭 필요한 인재 찾기는 쉽지 않다고 말이다. 왜 그럴까? 예전엔, "한 우물만 파라", "한길로만 가라"가 대세였고, 당연히 그렇게 해야 하는 줄 알고 우직스럽게 걸어갔다. 그렇게 정도를 걷지 않는 사람은 이상한 사람 취급을 받았었다. 초등학생 시절, 엉킨 실타래를 인내심을 가지고 다 풀어내는 대신, 짜증이 난 나는, 가위로 싹둑 잘라 버렸다. 그걸 보신 할머니는 야단하셨다. 그땐 그런 사소한 일 하나를 가지고 잔소리하시는 할머니가 못내 서운하기만 했었다. '아니 이렇게 쉽게 자르고 다시 하면 될 것을 왜 시간을 들여 그걸 풀어야 하지?' 이해가 안 갔기 때문이었다. 그 당시는 엉킨 실을 끝까지 풀어내는 사람이 훌륭하고 성공하는, 인내의 사람이라는 생각이 있었기에 그렇다.

하지만 요즘 세상은 다르다. 언제부터인가 우리 사회에서 요구하는 인재상이 변화하고 있다. 한 가지만 잘하는 전문성보다는 다양한 분야를 잘 알아 균형 잡힌 모습을 갖춘 사람을 찾는다. 이런 사람이 바로 T자형 인간이다. T자형이란 원래 일본 도요타 회사에서 시작한 용어라고 한다. '이왕이면 다홍치마'라고 한 가지만 잘하는 사람보다, 많은 것을 알고 해낼 수 있는 사람이 유능하다고 생각한다. 한 우물 파던 시대는 지나갔다. 세상의 변화에 따른 맞춤형 인간상을 선호하는 시대다.

초등학교 3학년 때 딸 이야기다. 수영장에 갔는데 고무보트를 몇 개 넣어주어서 모두 그 보트를 차지해 보려고 난리가 났었다. 나는 관중석에 앉아서 딸아이가 어떻게 하나 보고 있었다. 아이들은 몇 번 보트를 향해 나아가서 같이 탈것을 물어보는 듯했고, 거절당하면 그냥 자기 자리로 돌아가 놀기를 반복했다. 한데 우리 딸은 안된다는 아이의 말에도 불구하고 계속 그 보트를 졸졸 따라다니더니 결국은 보트를 차지했다. 보고 있는데 어찌나 웃음이 나던지. 이것이 딸의 성향이었다. 무엇이든 한번 물으면 끈질기게 파고드는 일. 이것이 바로 T자형의 깊게 파는 일인, 수직에(l) 해당한다. 또한 이 아이는 유치원 때부터 친구들이 많더니, 커서도 이런 관계를 유지하며 넓혀 나가 전 세계에 많은 친구가 있다. 이런 관계성이나 소통이 지금 딸이 하는 사업에서도 큰 힘을 발휘하고 있다. 모든 것을 수용하고 용납하는 가운데 좋은 건 받아들이고, 버릴 것은 버리면서 취합하고 통합하는 훈련이 된다. 필사도 마찬가지다 책을 그대로 베껴 쓴다고 해서 무조건 작가의 생각을 그대로 받아들이는 게 아니다. '이런 상황에서 작가가 이렇게 생각했는데 난 다른 생각이야,' 라는 마음이 드니 그땐 그런 나의 마음을 넓혀 새로운 아이디어가 생겨나고, 양 날개를 펼쳐 더 많이 알아가는 지식으로 채우게 되는 것이다.

좋아하는 일을 하는 사람이 가장 크게 성공한다고 하지 않는가! 난 필사하는 게 너무 재밌고 신나고 즐겁다. 왜냐하면 필사를 통해 얻게 되고, 알게 되는 것이 많기 때문이다. 그저 단순하다고 생각한 처음 필사할 때와 달리, 하면 할수록 신이 난다. 필사로 글을 옮기며 나의 민낯을 보게 되기에 자신을 더 잘 알아가는 경험을 하게 된다. 그래서 필사는 나의 교양이 되어주고, 필사하면 할수록 점점 더 문화 자본이 쌓여간다. 필사는 T자의 몸통에(l) 해당하는 기본 중심이다. 이 기본이 튼튼해야 뿌리가 잘 뻗어나갈 것이 아닌가. 책을 쓰기 위한 기본기로 내디딘 필사가, 넓고 깊은 인생을 살아갈 수 있게 했다. 그저 남의 글을 베껴 쓰는 필사가, 여러 분야의 다양함을 맛보는 기회가 되고 있다. 꼬리에 꼬리를 물고 일어나는 생각 조각들을 길어 올리고, 이런 작업을 하는 가운데 영그는 거대한 생각과 꿈을 사랑한다. 바로 필사를 통해 T자형 인간으로 다시 태어나기 때문이다.

시대에 따라 여러 종류의 많은 인재상이 나온다. I형, T자형, N형, A형, 파이형 등등 셀 수 없이 많은 인재상이 알파벳을 달고 세상에 나왔다. 예전에는 그저 성실하고 자기 일에 맞는 전문 지식 조금만 있으면 맡은 일을 잘할 수 있었다. 한 직장에서 정년까지 계속 일을 할 수 있던 시대였다. 하지만 요즘은 분업화로 하는 일에 대한 고도의 전문적 지식과 함께, 다양한 분야에 대한 지식을 요구하게 되었다. 그런 사람을 찾기에 이렇게 인재형을 구분하는 듯하다. 전 세계 사람들을 깜짝 놀라게 한 스티브 잡스. 그가 바로 T자형 인재의 대표적인 인물이라고 한다. 자기만의 고집스러움으로 파 내려간 IT, 공학 분야. 여기에 인문학 및 철학까지 겸비하고, 그것을 사업에 접목해서 독특한 제품과 멋진 브랜드를 키워낸 사람이기에 사람들은 그를 T자형 인재라고 칭송하는 것이다. 그렇다면 어떻게 필사가 이런 멋진 T자형 인간상을 만들어 낼까?

첫째, 필사라는 것이 그저 단순히 남의 글을 글자 그대로 베껴 적는 것이 아니다. 물론 필사의 목적에 따라 다를 것이다. 좋아하는 문구를 옮겨 적어두기 위한 것이라면 상관이 없지만, 나같이 책 쓰기의 기본 근육을 단련하기 위해 하는 필사라면 이건 단순 작업이 아니다. 일단 필사하면서 글을 함께 읽어나가야 한다. 그러다가 내가 미처 알지 못했던 것을 발견하면 잠시 멈추고, 그것에 대해 찾아보고 공부하게 된다. 이런 일로 인해 내가 모르던 분야에 대한 간접 경험을 하게 된다. 이 간접 경험을, 내가 아는 일에 더하게 되니 점점 넓게 퍼져나가게 된다. 한 단어 혹은 한 문장에 이런 힘이 있어, 옆으로 긴 날개를 달 수 있게 해 준다. 이것이 바로 T자의 수평을(―) 나타내는 것이다. 이 수평의 끝은 기하급수적이다. 원하는 만큼 마음껏 펼쳐 나갈 수 있고, 이렇게 하다 보면 내 옆의 사람이며, 나아가 기업까지 모든 분야에 고루고루 대화하며 소통하는 능력까지 생겨난다. 그리고 협동하며 아는 것을 나누고 전달하게 된다. 자연히 이런 일을 통해 관계성이 다양해지고, 나도 모르는 사이 긴 수평선이 만들어지게 되는 것이다. 앉아서 하는 필사지만 이런 경험을 하기에 필사는 대단한 힘이 있다.

둘째, 필사하면서 책을 더 꼼꼼하게 읽게 되고, 모르는 것에 대한 갈망과 호기심이 생겨난다. 그래서 점점 더 깊숙이 공부하게 되고 작가의 삶까지 추측하게 된다. 여기에 상상이란 양념까지 더하다 보면, 지식이 점점 깊어지게 된다. '아, 난 이 지점까지만 알고 있었는데 더 파야 하는구나!', 하며 고정된 한계점에서 벗어나게 해주는 멋진 길잡이가 되어준다. 필사는 T자형의 수직에 해당하는 몸통으로 기본 중심이다. 어쩌다 한 번 하게 되는 필사로는 이 기본이 튼튼할 수가 없다. 매일 일정한 분량의 필사로 깊게 뿌리를 내리는 나무가 되어야 한다.

 필사가 준 멋진 선물은 'T자형 인간형의 탄생'이다. T자형 인간형이란 결국 모든 면의 균형 잡힌 모습을 말한다. 필사하면서 알게 된 유익함과 가치를 이웃과 나누고 전파하게 되었다. '필사 전도사', 'T자형 필사 인간', 이것이 내 이름이 되었다. 아는 만큼 보인다는 말처럼 필사하면 할수록 알게 되는 것이 많고, 넓어지고(ㅡ) 깊어진다(ㅣ). 평범한 일상 늘 반복되는 하루를 살아가는 평범한 사람인 내가, 필사 하나로 날마다 설렘이 넘치는 삶을 살고 있다. 아침마다 하는 자판 필사로 이젠 상당한 수준의 필사력을 자랑하기까지 한다. '할 수 있었는데,' '해야 했는데', 라는 후회로 당신의 인생에 슬픈 말을 남기지 말라. 필사를 통해 깊고 넓게 사는 법을 누려보라. 필사라는 작은 습관 하나가 당신의 인생을 크게 바꾸어 줄 것을 확신한다.

필사는 느리게 읽는 독서법이다

현대인의 삶은 바쁘고 고달프다. 우리도 모르게 몸에 들러붙은, '빨리빨리'의 문화는 오히려 우리 삶을 좀 먹고 있다. 요즘은 전 세계적으로 '천천히 사는 삶'(slow life)란 말이 화두로 떠오른다. 바쁜 하루 가운데 '차 한 잔의 여유를 누리며 삶의 여백을 가지라'는 것이다. 음식도 패스트푸드가 아닌 '슬로우푸드', '슬로우쿡'이란 말을 쓰면서 좀 더 시간을 들여 정성이 들어간 건강한 음식을 먹자는 움직임이 왕성하다. 바쁘다고 종종거리다가 아름다운 푸른 하늘 한번 쳐다보지 못하고 지나치는 사람들. 쉽게 햄버거나 피자 등의 패스트푸드에 점점 길들어져 있는 우리에게 이런 것은 해독제로 다가왔다. 음식만이 아니라, 생각으로 가득 차 있는 머릿속을 비워 내는 시간도 필요하게 되었다.

    독서 역시 빠르게 책장을 넘기면서 책 한 권 다 읽은 것으로 만족할 때가 아니다. 책은 몇 권 읽은 것이 중요한 게 아니라 어떻게 읽고, 얼마나 많은 질문거리를 찾아내어서 나의 삶에 적용하는가에 있다. 하지만 느리게 사는 법은 말처럼 쉽지 않다. 나도 모르는 사이 '빨리빨리 문화'에 빠져들었고, 우리의 생활 전반을 야금야금 먹어 치우고 있는데 무엇부터 바꾸어야 할까? 나는 필사를 권하고 싶다. 책만 읽을 때보다는 조금 느린 독서지만 눈으로 읽고 마음으로 느끼는 필사야말로, 생활에 지친 우리에게 여유를 주고 쉼을 주는 힐링이 되기 때문이다.

    내 별명은 '책 미녀'다. 워낙 책을 좋아하다 못해 책을 사랑하고 책에 미친 여자라는 뜻이다. 인스타 계정도 @cheak_minyeo (책미녀)로 사용 중이다. 이런 내가 어느 날 필사를 만나면서 2024년 3월 3일부터 매일 하루 A4 2장에서 2장 반 정도 분량으로 남의 글을 그대로 베끼는 작업을 하기 시작했다. 그리고 이 일은 내 생각과 관념을 통째로 바꾸게 된 일이 되었다. 세상엔 많은 독서법이 있다. 정독으로부터 통독, 묵독, 낭독, 윤독, 강독, 속독 등등 다 열거할 수 없을 정도다. 나 역시 다양한 방법으로 책 읽기를 시도해 보았지만, 늘 정독으로 독서를 완성하곤 했다. 그런데 필사하면서 생각이 달라졌다. 필사는 결국 책을 읽으면서 글을 쓰는 행위이기에 유익함이 두 배다. 그냥 책을 읽을 때와는 다르다. 한 문장을 더 곱씹어 볼 수 있는, 느리게 읽는 독서가 되기 때문이다. 그렇기에 때론 흘러 지나친 것까지도 자세히 들여다보게 되었고, 자주 멈춰서서 깊은 생각에 빠지기 일쑤다.

오늘도 수많은 사람이 성공을 위해 달려가고 있다. 내 주위에도 열심히 자기계발서를 읽고 성공 마인드나 행동 마인드를 깨우치고, 그것대로 해보려고 안간힘을 쓰고 있는 사람들이 있다. 이런 것은 저절로, 태어나면서부터 타고나는 것이 아니라, 자기 스스로 만들어 가는 것이기에 시간과 노력을 들여 수고를 하는 것이리라. 혹시 당신 또한 이런 것을 얻기 위해 질주하고 있는가? 그렇다면 성공 마인드와 행동 마인드에 '필사 마인드'를 하나 더 추가해 보기를 권한다. 필사는 언제 어디서나, 하고자 하는 마음 즉, '필사 마인드'만 가지고 있다면 가능하다. 준비도 간단하다. 그저 책 한 권과 노트북일 뿐이다. 카페에서나 집에서나 잠시 시간을 내어 자판을 치기만 하면 되는 일이다. 책만 읽었을 때보다 필사하며 읽으면, 적어도 그 책을 3번 이상 읽는 것과 같은 효과를 경험한다. 필사하며 느리게 읽는 독서법은 갈피마다 행간마다 보물이 숨겨져 있다.

나는 모든 일을 빨리하는 사람이다. 그래서인지 독서도 지칠 줄 모르고 왕성하게, 빠른 속도로 읽었었다. 하지만 필사를 만나면서 시작된 나의 독서법은 바뀌었다. 가을 추수 때 풍성한 열매를 따려고 일년내내 부지런히 노력하는 농부의 땀 맺힌 얼굴을 생각해 보자. 씨앗을 심었다고 그 당장에 뿌리가 나서 잎이 달리고 열매를 맺는 게 아니잖은가? 시간이 필요하다. 우리 모두에게는 이 기다리는 과정이 필요한 법이다. 사람에게나 기업에서나 이 시간은 꼭 필요하고 이 과정을 잘 보내야 원하는 목표치를 거둘 수가 있는 것이다. 필사에서도 마찬가지다. 이것을 나는 '필사 프로세스'라고 부른다. 매일의 작은 루틴으로 시작되는 이 필사 프로세스는 하루의 에너지를 빵빵하게 불려주는 참 좋은 친구다. 이 친구와 조곤조곤 이야기를 나누며 하루 분량치인 A4 2장을 써 내려간다. 그러면서 내 안에 잠들어 있는 필사 시스템을 깨워 눈과 손, 그리고 마음과 생각까지 총동원하여 천천히 한 문장 한 문장을 따라가며 필사하고 독서를 한다. 마치 잠에서 깨어나 창문을 활짝 열고 신선한 공기를 들여 마시듯, 글에서 말하는 이야기를 스펀지처럼 흡수한다. 때론 쉬어 가며 그 글이 말하는 것이 무엇인지, 여기서 무엇을 캐내어야 하는지 질문하고 답하는 놀이를 하며, 느리게 읽는 독서법에 빠져든다.

　필사해보지 않은 사람은 필사를 통해, 천천히 책을 읽고 새로운 동기부여를 얻게 되는 기쁨을 맛볼 수가 없을 것이다. 필사가 내게 준 선물은 셀 수가 없다. 첫째, 내 생각을 바꾸었다. 필사를 그저 시간 낭비라고 우습게 여겼던 내가 직접 해보고 나니, 내 생각이 틀렸음을 알게 되었다. 둘째, 태도가 바뀌었다. '필사가 도대체 뭐길래 하는 거지?'라고 했던 내가 필사 앞에 조용히 겸손해지게 되었다. 필사를 통해, 나의 내면을 깊숙이 들여다보며 깨닫게 되었기에 그렇다. 겉으로 보이는 '나'가 아니라 진정한 내 안의 나, 나의 본모습을 제대로 알게 되는 시간이 필사하는 시간이다. 셋째, 필사는 남의 책에서부터 시작한다. 남의 책을 옮겨 쓰는 것이기에 그 책이 가지고 있는 의미와 전체를 해석하려는 마음이 생기고, 필사하는 책이 곧 나의 선생이고 글쓰기, 책 쓰기를 위한 교과서가 된다. 넷째, 매일 하는 필사는 좋은 습관을 형성해 준다. 매일매일 써야 할 분량이 있기에 이미 자리를 차지하고 있는 기존의 습관 가운데 필사란 것을 끼워 넣기 위해서는 시간을 잘 활용해야 하고, 그러다 보니 우선순위의 삶을 살게 된다. 주르르 꿰어진 바쁜 하루의 일정 중이지만 오히려, 일상의 단조로움에서 벗어나 필사를 통한 느린 독서를 하게 되는 것이다. 책을 읽고 싶은데 시간이 없는가? 필사하기를 권한다. 단 한 줄도 좋고 두 줄도 좋다. 그렇게 함으로써 필사의 힘을 조금씩 느끼게 될 것이다. 당신의 꺼져있는 독서 스위치를, 필사를 통해 부활시켜라. 그리고 생생한 경험을 맛보라! 필사 독서법을 통해 매일, 조금씩 독서할 수 있고 필사를 하는 동안 새로운 생각도 건지는, 느리게 사는 법의 즐거움이 있을 것이다.

가지 않은 길은 두렵다. 해보지 않은 것에 대한 시도는 쉽지 않다.

아니 어쩌면 너무 쉬워서 그냥 지나쳐 버리기도 한다. 필사에 대한 나의 첫 태도처럼 말이다. 나는 그동안 책만 읽었던 책 바라기였다. 그러다가 선물처럼 다가온 필사를 통해 많은 것을 누렸지만, 가장 큰 것이 느리게 읽는 독서법이다. 어차피 읽을 책을 필사까지 하다 보니 생각의 깊이가 한층 깊어지게 된다. 옆에 둔 차 한잔을 마시며, 잠시 호흡을 고르고 내용을 해석하며 정리한다. 아침마다 읽어가는 책과 함께하는 필사로써 점점 더 필사 마스터가 되어간다. 필사로 느리게 읽는 독서법은 생활에 여유를 주는 윤활유다. 당신의 멋진 인생 로드맵을 위해 필사해보기를 적극적으로 추천한다. 더 이상 미루지 말고 머뭇거리지 마라. 지금 당장 책 한 권을 펼쳐, 노트북 앞에 앉아라. 당신 또한 필사와 독서, 두 마리 토끼를 잡는 행운을 누리기를 바란다.

필사는 세월의 주름을 펴주는 비책이다

손자가 유치원 다닐 때 장래 희망이 슈퍼맨이었다.

"왜 슈퍼맨이 되고 싶어?"
"음! 슈퍼맨은 뭐든 다 해주잖아."

아마 해결사 같은 슈퍼맨의 활약에 온통 마음을 빼앗겼던 모양이다. 날마다 망토를 둘러쓰고 온 집을 다니면서 그의 흉내를 내곤 했다. 우리 삶에 이런 해결사가 있으면 얼마나 좋을까 싶다. 사건이 있을 때마다 척척 문제를 풀어내고, 악을 다 물리쳐 주니 이렇게 할 수 있다면 전쟁도 일어나지 않을 것 같다. 노화도 안 생길 것이고 아프지도 않을 것이다. 하지만 그런 일은 일어나지 않을 것을 알기에 더더욱 영화 속의 슈퍼맨이 멋져 보이는 것이다. 슈퍼맨의 망토가 해결사라면 필사는 세월의 주름을 펴주는 명약이다.

가는 세월 그 누가 잡을 수가 있느냐고 노래하는 가수 서우석. 누구나 늙어 가는 것을 싫어하고 조금이라도 더 젊어 보이기 위해 애를 쓴다. 요즘은 남자도 화장하는 시대가 아닌가? 화장품이 더 이상 여자들만의 전유물이 아니다. 세월의 흔적을 조금이라도 없애 보려고 애를 쓰면서, 보톡스도 맞고 콜라겐을 열심히 챙겨 먹지 않는가. 나 역시 주름지고 노화하는 건 원하지 않는다. 그런 내가 요즘 돈 안 들이고 젊음을 유지하고 있는 비결이 있다. 무엇인지 아는가? 바로 필사다. 필사하면 할수록, 내 온몸의 신경을 자극해서 몸뿐 아니라 가슴, 뇌까지 건강하고 단단하게 만들어 준다. 필사하기 위해서는 손으로 자판을 치고, 머리로는 생각하고, 눈으로는 책을 보아야 한다. 온몸과 오감을 다 사용하는 작업이다. 이러다 보니 나이 생각할 겨를이 없다. 아침마다 필사하며 콧노래를 부르는 나는 세월을 비껴가고 있다.

노화란 나이가 들어가면서 신체 구조와 기능이 점차로 퇴화하는 것이다. 남녀 막론하고 유전, 환경, 생활 습관 등등으로 많은 차이가 난다고 한다. 또, 피부노화의 원인으로 보통 3가지를 말하고 있다. 바로 건조함과 활성산소, 그리고 자외선이다. 이 3가지를 주의하면 피부노화를 조금이라도 줄일 수 있고 주름을 예방한다고 한다. 그럼, 필사에서 신경 써야 할 것이 무엇인지 알아보자. 바로 '필사 에너지'다. 필사하면 기술이 점점 늘면서 필사하는 힘이 세진다. 아침마다 필사하려는 마음으로 설레고 기운이 넘친다. 이것이 필사 에너지다. 이 필사 에너지는 세상이 줄 수 없고, 화장품이 막아줄 수 없는 세월의 흔적을 펴주는 것이다. 그다음은 필사하며 읽게 되는 독서로 인해, 스스로 나쁜 건 청소해 버리고 순간의 힐링을 맛보게 되는 것이다. 생활 속에서 들러붙었던 고민이나, 처리해야 할 여러 가지 일들도 필사하는 가운데 마음이 편안해지고 정리가 되어 생각지 못했던 문제해결을 할 수 있다. 그럼으로써 '인상' 대신 '웃음'으로 살게 된다. 또 필사하면서 삶을 이해하는 마음과 능력이 길러진다. 필사의 힘은 놀랍고 강력하다. 필사하게 되면 집중하게 되고 평상시보다 이해력이 높아진다. 그러다 보니 자연스레 세상을 보는 눈이 달라지면서 이해와 수용력이 향상된다. 이것이 노화를 막는 나만의 필사 기술인 것이다.

주름을 방지하고 피부노화를 위해 콜라겐을 채우는 것과 같이, 필사는 우리 인생을 마주 볼 수 있는 개인 측정기가 된다. 내 영혼이 얼마나 메말랐는지, 내 속에 무엇을 더 챙겨 넣어야 하는지를 즉시 알려준다. 남의 글을 베껴 쓰는 이 작은 일. 이를 통해서 객관적인 눈으로 글을 곱씹으며 의미를 캐내는 동안, 건조했던 가슴이 말랑해지고 촉촉해짐을 느낀다. 나의 감정선에 스위치가 켜진 것이다. 나 스스로 자생력을 키워 변화된 인생을 살아야 한다. 필사는 젊게 사는 길의 진입로다.

"방망이가 가벼우면 주름이 잡힌다."라는 속담이 있다. 이 말은 다듬이질할 때, 다듬잇방망이가 가벼우면 혹은 방망이질을 약하게 하면, 주름이 펴지지 않는다는 뜻이다. 즉, 무슨 일이나 철저히 하지 못하면 결함이 생긴다는 것을 이르는 말이다. (사전적 용어 풀이) 얼굴의 주름도 마찬가지다. 관리하지 않으면 주름은 자글자글, 얼굴과 목에 세월의 흔적을 남겨놓을 것이다. 주름이 무서운 사람은 철저히 자외선 차단제 크림을 열심히 바르고, 단 음식을 먹지 않으며 충분한 수면과 건강한 식단으로 관리해야 한다. 이런 꼼꼼한 생활 속 다듬이질이 주름 관리의 기본일 것이다. 사람의 얼굴이 처지고 노화되는 것이 근육을 잘 쓰지 않아서이듯, 필사도 마찬가지다. 날마다 주어진 분량의 필사를 하지 않으면 원하는 만큼의 필사 근육은 절대 생기지 않는다. 필사 근육이 있어야 필사 에너지가 생기고, 이 에너지가 있어야 내 속의 나쁜 찌꺼기를 해독할 수 있으며, 인생을 새롭게 보는 관점까지 길러낼 수 있는 것이다. 세상의 그 어떤 화장품보다 효과적이며 돈 들지 않는, 주름 펴주는 비책은 바로 필사다. 이런 필사력으로 빛나는 명품 인생을 만들어보고 싶지 않은가?

사람들은 나를 보고 '왕언니'라 부른다. 그 이유는 내가 가지고 있는 에너지와 즐거움이 넘치는 얼굴, 마음의 생기 때문일 것이다. 만나는 사람마다 내게 묻는다. 젊게 사는 비결이 뭐냐고. 그 대답으로 필사 이야기를 해 준다. 정말일까? 의아한 얼굴로 쳐다보는 그들에게 자신 있게 말하는, 세월의 주름을 펴는 나만의 3가지 비책이 있다.

첫째, 필사력을 높이는 마스터키에 있다. 마스터키가 무엇인가? 모든 문을 다 열 수 있는 만능열쇠를 말하지 않는가. 필사에서의 마스터키는 필사하고자 하는 내 행동이다. 아무리 좋은 것을 알고만 있으면 무얼 하겠는가? 행동하고 실천하지 않으면 아무 소용이 없다.

둘째, 영혼을 다스리는 감정지수를 높이는 일이다. 이것을 나는 필사력이라고도 하고, 필사 지수라고도 부른다. 콩 심은 데 콩 나고 팥 심은 데 팥 나듯이 좋은 책을 필사할 때 책에서 받는 기운이 생각을 넘어 영혼까지 적셔낸다. 그럼으로써 감정까지 건드리며 깊은 감수성 가운데, 나만의 특별한 이야깃거리가 만들어지고 감성지수를 높여주는 것이다. 결국 좋은 책 필사는 좋은 생각을 주고, 거기에서 뿌리내린 감성의 열매들이 주렁주렁 열리게 된다. 그리고 이 열매들은 나만의 영양 세럼이 되어준다.

셋째, 매일 하는 필사가 습관의 스위치를 올려준다는 것이다. 아침마다 꾸준히 필사하는 습관은 일상을 윤택하게 해 준다. 무언가를 꾸준히 한다는 것은 그만큼 시간을 유용하게 잘 써야 하기에 버리는 시간 없이 언제 스위치를 켜고 꺼야 하는지를 제대로 알게 된다. 마치 건빵 속의 별사탕 찾기처럼 말이다. 이 세 가지가 내가 말하는 세월의 주름을 펴주는 비책이다.

　필사 마스터키와 필사력 그리고 필사 습관 스위치. 이것이 세월의 주름을 펴주는 비책이다. 당신은 이 3가지를 가지고 있는가? 만약 가지고 있지 않다면 지금 바로 시작해 보기를 진심으로 권한다. 아무리 좋은 것을 가지고만 있으면 무얼 하는가? 본인 스스로가 결단하고 행동하는 실행력이 없다면 인생은 바뀌지 않는다. 그래서 구슬이 서 말이라도 꿰어야 보배라지 않는가. 지금부터 구슬을 끼는 작업을 하기 바란다. 누누이 말하지만 필사하는 데 필요한 건 책 한 권과 노트북이 전부다. 시간과 공간의 제약이 없다. 나이도 상관이 없다. 그저 자판을 치면 되는 일이다. 필사하면서 책도 읽고 몸과 마음이 젊어지게 되니 완전 대박 아닌가. 정말일까? 호기심이 일어난다면, 지금 바로 경험해 보라. '다음에 하자, 언젠가 해보자.' 하지 마라. 그런 날은 오지 않는 법이다. 그냥 시작하라! 당신의 가슴속에 잠들어 있는 일상을 깨워, 새로운 날이 되게 하라. 아울러 세월의 주름까지 펴주는 묘약을 덤으로 챙겨, 더 젊은 날을 누리기를 바란다.

필사라는 씨앗을 품었을 뿐인데

이곳 캐나다에 사는 대부분의 한국 사람은 자기 집 뒷마당에 텃밭을 가꾼다. 자기가 가진 텃밭의 크기만큼, 고추. 상추. 부추. 깻잎이며 호박 등 다양한 종류의 씨앗을 심고 가꾸며 수확의 즐거움을 누린다. 깨알같이 작은 씨앗인데 한번 심으면, 위로 옆으로 커나가면서 관리를 해주는 만큼 실하게 큰다. 부추, 깻잎 같은 것은 한번 심어 두기만 하면, 매년 절로 싹을 틔우고 자란다. 씨앗을 심는다는 건, 희망을 추수하기 위한 것이다. 날마다 물을 주며 가꾸는 땀 흘림의 노동이, 가을에 풍성하게 거둬들이는 기쁨을 맛보게 해 준다.

필사도 마찬가지다. 한 알의 씨앗을 심어, 많은 결실을 보는 것과 같은 이치가 적용된다. 단순히 남이 쓴, 책 한 권을 아무 생각 없이 타이핑 하는 것이 아니다. 자판을 치는 자체가 텃밭에 씨앗을 심는 행위이고, 필사하면서 글을 통해 들어오는 생각들이 바로 머리와 가슴에 싹을 틔우고 열매를 맺게 하는 일인 것이다. 필사가 그저 남의 글을 그대로 옮겨 적는 일이라고 생각하면 큰 오산이다. 무언가를 품었다는 건 이미 변화하게 될 미래를 기대한다는 것이고, 그 기대감에는 설렘이라는 선물까지 따라온다. 매일 텃밭을 둘러보며 잡초를 뽑고 물을 주며 관리하는 동안 채소들만 잘 자라는 것이 아니라, 그것을 돌보는 사람의 몸까지 건강하게 해 준다. 적당한 햇볕. 초록 잎을 보는 상쾌한 기분. 쑥쑥 자라나는 텃밭을 바라보는 즐거움이 바로 그것이다. 이것처럼 필사는 글쓰기의 기본기를 익혀가며, 책 쓰기의 근육을 단련할 뿐 아니라 건강한 필사 생활을 통해 필사하는 기술까지 늘려준다.

어떤 이유에서인지 남편은 학창 시절, 지리 시간을 통해 캐나다를 알게 되면서, 막연하게나마 언젠가는 캐나다에 가야겠다는 마음을 먹었다고 한다. 말이 씨가 된다고 하지 않던가. 이때 이미 남편은 해외로 가겠다는 씨앗을 품은 것이었고, 그것은 그대로 이루어져서 1986년, 우리는 캐나다에 발을 디디게 되었다. 물론 캐나다로 오게 된 것이 어느 날 갑자기 하늘에서 뚝 떨어진 것은 아니다. 5살 때부터 태권도를 좋아한 남편은 대학 때까지 줄곧 태권도에 미쳐 살았다.

마치 체육과 학생인 줄 알 정도로 열심히 운동했었다. 그리고 결혼 후에는 직장생활을 하다가, 태권도장을 내고 싶다 하여 시작하게 된 도장 운영. 그 후 아시안 게임 때, 경기장에서 캐나다 사람을 만나게 되었다. 그 사람은 남편에게 호감을 느꼈는지 "혹시 캐나다 갈 생각이 없는지?" 물었다. 그렇다면 자기가 초청장을 보내주겠노라고. 정말일까? 의심이 들었지만, 그 사람은 두어 달 후, 편지와 함께 초청장을 보냈다. 학창 시절 아무것도 모르고 그저 작은 소망의 씨앗을 심었음에도 이것은 현실이 되었다. 씨앗을 심지 않으면 싹은 나지 않는다. 오늘 당신은 어떤 씨앗을 심고 있는가? 긍정의 씨앗을 심으면 감사와 기쁨 등 긍정의 에너지가 날 것이고, 부정의 씨앗을 심는다면 불평불만이 가득한 것들이 싹을 내고 자라면서 잡초 인생으로 만들어 버릴 것이다. 필사라는 작은 씨앗을 심는 행동으로 인해 필사의 유익함을 알게 되었다. 아울러 필사의 가치와 비밀까지 찾게 되었다.

자, 그러면, 어떻게 필사라는 씨앗을 품었을 뿐인데 이런 일이 일어날까?. 씨앗을 뿌렸다고 해서 모든 씨앗이 다 발아지는 않는다. 때론 동물들이 와서 파먹기도 하고 절로 죽기도 하며, 싹이 나더라도 말라죽기도 한다. 제대로 돌봄을 하지 않으면 아무리 좋은 씨앗을 심었더라도 열매를 얻을 수는 없다. 필사라는 씨앗을 심고 매일 물 주는 것처럼, 꾸준히 아침마다 정해진 분량을 그대로 옮겨 적는 작업을 했다. 필사하며 따라가는 책 속의 글을, 문자로만 대하는 게 아니다. 그 안에서 나만의 것을 건져 올리기 위해 즉, 열매를 따기 위해 노력을 하는 것이다. 마치 숨은그림찾기처럼, 작가가 감춰 둔 보물을 찾아 여행을 떠나는 시간이다.

　나는 20년 차 당뇨인이다. 3교대 회사 일로 수면이 고르지 못하여 식사 시간도 밤, 낮이 뒤바뀌는 생활을 하다 보니 혈당 수치가 좋지 못했었다. 이래선 안 된다고 생각만 했지, 계속 일을 하고 있으니, 알면서도 생활 습관이며 식습관 개선을 위한 시도를 하지 못했었다. 더구나 두 번의 저혈당 경험으로 인해 늘 음식을 먹어둬야 한다는 강박감이 있었다. 그런데 갑작스럽게 남편이 뇌출혈로 입원하게 되면서, 회사 출근 대신 병원으로 출퇴근하며 남편 돌보미로 살게 되었다. 그러면서 자연스럽게 내 건강을 돌아볼 생각을 하게 되었고, 이참에 〈혈당 낮추기 한 달 프로젝트〉를 시작했다. 우리가 마음먹으면 뇌가 알아서 그렇게 할 수 있도록 프로그램을 작동시킨다더니, 정말 그런 놀라운 일이 일어났다. 음식에 대한 강박감으로 배가 고프지 않아도 계속 간식을 먹었었는데, 혈당 낮추기로 맘을 먹고 나서부터는 신기하게 쓸데없는 군것질을 전혀 하지 않게 되었다. 이 일을 이뤄내기 위해 내가 한 첫 번째 행동은, 냉장고와 집 안에 있던 건강하지 못한 간식류를 모두 쓰레기통에 버린 것이다. 두 번째는 좋아하던 빵이며 국수 등의 밀가루 음식을 한칼에 딱 끊은 것이다. 그저 내가 짜 놓은 건강 식단으로 하루 3끼 먹고, 식후마다 적어도 10분 걷기를 실천했을 뿐인데 예상외의 결과를 보게 되었다. 전에는 아침 공복혈당이 11까지(198mg) 올라가곤 했는데, 식습관을 바꾼 지 일주일 만에 아침 공복혈당치가 7로(126mg) 잡혀 있었다. 이뿐 아니고 놀랍게도 간식 생각이 전혀 나지 않는다는 것이다. 아마, 좋은 것을 먹으니 아예 내 몸이 나쁜 것을 받아들이지 않는 것 같았다. 한 달을 하고 나니 체중도 3kg 빠졌고, 혈당치는 좋은 상태를 유지하고 있다. 그저 맘 다잡고 혈당 잡기라는 결단의 씨앗 하나 심었더니, 이런 멋진 결과를 보게 된 것이다. 맞다. 바로 이것이다!

"그래, 나도 한 번 해보자."라는 마음으로 필사라는 씨앗을 심었더니 어느새 '필사 이력'이라는 뿌리를 내리고, 싹을 틔우더니 매일 아침 습관으로 '건강한 필사 생활'이란 잎이 달리게 되었다. 아울러 필사를 통한 독서를 함으로써 '통찰력 있는 나만의 새로운 문장'을 열매로 따 담을 수가 있었다. 필사로 무슨 일이 일어날지 전혀 예상하지 못했기에 이런 경험을 하면서 신기하고 놀라웠다. 마치 어릴 적, 설날이나 추석 때 받은 종합 선물 세트처럼 말이다. 지금 당신은 어떤 씨앗을 심고 있는가? 무엇을 심느냐에 따라 당신의 인생 궤도가 달라질 것이다. 어떻게 이런 일이 가능했는지 궁금한가? 그렇다면 필사하며 이것이 '참' 인지 직접 경험해 보시라!

어느 날 날아 온, '필사'라는 씨앗 하나를 심었을 뿐인데, 거두어들인 것이 너무 많아 놀랍다. 흔히 주위 많은 분이, 다이어트 시작 때 '당신이 먹는 것이 곧 당신'이란 말을 농담처럼 한다. 좋은 것을 먹고 체중 조절을 해서 원하는 몸매와 건강을 유지하는 사람이 되기를 소망하며 선언하는 것이다. "내 몸으로 보여줄게." 하면서. 난 이 문장을 그대로 필사에 적용했다. '내가 오늘 필사하는 것이 나를 만든다고!' 필사를 어떤 마음으로, 무슨 생각을 하며 베껴 쓰는지에 따라 수확하는 것은 달라질 것이다. 인생이 1+1=2라는 정답처럼 되지 않듯이, 필사한다고 해서 모두가 필사의 좋은 점을 알아채고, 그 비밀을 풀어가며 거기에서 찾아낸 인생의 지혜를 모으는 것은 아닐 것이다. 남들과 다른 고품격 필사를 하고 싶으면, 나만의 필사 씨앗 하나를 소중히 여기고, 가꾸어 주어야 한다. 나에게는 필사가 아침 햇볕처럼 따스하다. 다른 삶을 꿈 꾸는가? 변화를 기대하고 있는가? 필사부터 해보시라! 지금껏 나의 인생을 돌아보면, 무심코 말했던 것들이 그대로 이루어졌음을 확인할 수 있었다. 단지, 필사라는 씨앗 하나 심었을 뿐인데, 따 담을 열매가 광주리에 한 아름이다.

우습게 봤던 필사가 바꾼 것들

"필사를 도대체 왜 하는 거야? 손 아프고 시간 낭비 같은데."라며 건방진 태도로 필사를 시시하게 여겼다. 아예 필사와 나는 상관없다고 생각하며 살았는데, 어느 날 조용히 다가온 필사와의 만남. 왜 필사를 하고 그 필사를 통해 얻는 것이 무엇인지 궁금했다. '필사'하면 대뜸 생각하는 것이 '손 필사'였기에 난 할 수 없다고만 생각했었다. 예전엔 글씨 잘 쓴다는 말을 많이 들었고, 펜글씨 대회에서 입상을 한 일도 여러 번 있었다. 하지만 양손 모두를 수술한 사람인지라 필사에 관심이 없었.

"자판 필사라고요?" 난 처음 듣는 말이었기에 이렇게 하는 방법도 있구나, 하며 새삼 놀라웠다. 내게 필사에 대해 말해준 사람은 손 필사가 아닌 자판 필사에 대해 알려주었다. 바로 타이핑으로 하는 필사였다. 아날로그 세대이며 기계치인 내가 핸드폰 사용하는 것만도 대단한 일인데, 이제 노트북으로 자판을 쳐야 한다는 것이 조금은 염려스러운 일이었다. 하지만 '일단 내가 선택한 일이고 시작한 것이니 끝까지 해보자', 라는 마음으로 첫발을 내디뎠다. 매일 필사하면서 우습게 생각했던 필사의 귀중한 가치를 조금씩 알아가게 되었다. 나의 고정관념을 크게 바꾸어 준 계기가 된 사건이었다.

내가 처음 필사를 만나서 자판을 칠 때는 힘들고 어렵기만 했었다. 모든 것이 엉성하고, 엉망이었다. 그런데도 계속 필사를 하게 되자, 지금은 필사 기술이 늘었고, 이 필사가 나를 관리하는 도구로 사용되기 시작했다. 끝까지 필사라는 것을 외면했을 뻔한 나에게 찾아온 이 기회가 얼마나 감사한지 모른다. 필사가 뭐길래 많은 이들이 달려드는 것인가 의아하게 생각하며 달갑지 않게 여겼던 필사였다. 시시하게 여기고 무시했던 필사가 내게 준 여러 가지 다양한 선물들로 이젠 풍성한 삶을 누리고 있다. 내 주위의 많은 사람이 손 필사를 하고, SNS를 통해서도 필사하는 사진과 글을 종종 대하곤 했었다. 하지만 내겐 그다지 다가오지 않았던 필사였다.

보여주는 삶이 아닌, 내게 찾아온 필사라는 것으로 내 삶에 어떤 변화가 일어날지 경험해 보고 싶었다. '나도 필사한다'라는 단순한 문장으로 나를 표현하기보다, 필사로 인해 생긴 나만의 특별한 이야기를 나누고 싶었다. 혼자 방구석에서 하는 필사가 아니다. 나아갈 방향을 제시해 주는 '지도'와 같은 모임이 있고, 같이 이 길을 걸어가며 서로에게 힘을 주는 사람들이 있다. 그래서 무한 긍정의 힘으로 날마다 성장과 변화를 맛보고 있다.

'두리안'이란 열대과일을 잘 알고 있을 것이다. 대부분의 많은 사람이 이 과일에서 나는 지독한 썩은 냄새로 인해 선뜻 먹어 볼 엄두를 내지 못한다. 겉은 온통 가시로 못생긴 얼굴이지만 껍질을 벗기면 보이는 노란 속살은 얼마나 예쁜지 모른다. 처음 먹을 땐 코를 쥐고 먹지만, 한번 맛을 보고 나면 자기도 모르게 중독이 되고 만다. 나 역시 그랬다. 못생긴 과일인데 냄새까지 난다고 하니 절대 먹지 말아야 할 과일로 여겼었다. 그런데 일단 먹어 보니, 아이스크림같이 부드럽고 달콤한 맛에 취하게 되는 것이다. 과일 중의 왕이라 불리는 이 동남아 열대 과일처럼, 여기서 자주 먹는 치즈 중에도 아주 고약한 냄새를 풍기는 것이 있다. 바로 블루치즈 종류인데 그중에서도 프랑스에서 만든 '로크포르'는 제일 악명이 높다. 프랑스 유학하러 가신 Y 신부님이 신학교에서 부활절을 맞아 한가지씩 자기가 싫어하는 일을 해보라는 과제를 받고서는 지독한 냄새가 나서 외면했던 이 치즈를 한번 먹어 보리라고 결심하셨단다. 드디어 이 '로크포르' 치즈를 먹어야 할 때가 왔다. 일단 크게 숨을 들이쉬고는 코를 잡아 쥐고 교수님이 주는 치즈를 받아먹었다. 아~ 그런데 이게 무슨 일인지, 신발 썩는 냄새랄지 발 냄새랄지 그런 맛으로 알고 있던 치즈가 아니었다. 아니 이렇게 맛있는 치즈를 그동안 외면했었다니 하시며 무릎을 치셨다고 한다. 이처럼 내가 직접 경험해 보지 않으면 그 진가를 알 수 없다. 어느 날 우연처럼 다가와 나의 심장을 떨리게 했던 필사. 이렇게 필사를 해 나가면서 내게 주어진 기회를 붙잡고, 한순간의 변화로 인생을 바꿔준 필사 이야기를 들려주고 싶다.

어떤 이는 열정, 성공, 최선, 도전, 기회 등등, 자신을 바꾸는 51가지 황금 단어를 이야기한다. 난 이 중에서 '기회'를 선택했다. 필사할 기회가 왔을 때 이 기회를 내 것으로 붙잡고, 또 다른 변화를 꿈꾸며, 오늘이란 인생을 알차게 채워나간다. 콧방귀 끼면서 별 볼 일 없다고 생각했던 필사가 바꾼 것을 일일이 열거하자면 끝이 없다. 그 중, 5가지만 말해 보겠다.

첫째, 필사하면서 자연스럽게 들여다보게 되는 나의 내면을 통해, 내가 누구인지를 확실히 알게 되었다. 내가 가장 나를 잘 알 것 같지만 우린 사실 자기 자신을 잘 모르고 있다. 남의 글을 베껴 쓰면서 알게 되는, 작가의 마음을 되짚어 본다. 그러면서 똑같은 상황에서 난 어떻게 반응할까? 등의 질문을 하며 내 마음속을 깊이 들여다보게 된다. 그저 스쳐 지나갈 수 있는 것을 자세히 보게 되니 미처 알지 못했던 나의 강점이나 약점들이 보이고 내가 지금 어디에 서 있는지를 알게 되었다. 그 까닭에 두리뭉실하게 알고 있었던 나 자신을 제대로 마주할 수 있게 되었다.

둘째, 필사로 인해 동기부여를 받고 새로운 인생 기획을 하게 되었다. 막연하게 가지고 있었던 미래에 대한 인생 계획을 구체적으로 다시 짜는 기회가 되었다. 인생 버킷리스트 속에 겨울잠을 자고 있던 꿈(바로 책 쓰기를 원했던 꿈)이, 필사하며 얻은 아이디어를 통해 생생하게 다가왔다. 실감 나지 않던, 꿈꾸는 미래가 현실적으로 다가왔다. 내가 무엇을 좋아하며 나의 강점은 무엇이고 그것을 이루기 위해 어떤 것이 필요할지에 관한 생각을 깊이 하게 되었다. 필사함으로 자신을 바로 알게 되었고, 새로운 인생 무대를 짤 수 있게 되었다.

셋째, 필사하며 느리게 읽게 되는 독서가 주는 통찰력을 선물로 받았다. 매일 책을 읽는 사람이지만 필사를 통해, 느리게 읽는 독서는 글에 대한 이해도를 더 높여줄 뿐 아니라, 문장에 대한 깊은 안목이 생긴다. 한번 쓱 보고 지나치는 독서와 달리, 천천히 들여다보며 필사하기에, 여기서 생겨난 관찰력으로 세상을 해석하는 새로운 관점을 갖게 되었다.

넷째, 필사 기술이 점점 늘면서 필사력 또한 높아져 글쓰기 실력이 향상했다. 남이 하니까 나도 필사한다는 것은 한낱 흉내 내는 것에 지나지 않는다. 진짜 필사가 무엇인지 호기심을 가지고 시작한 것이기에, 필사 본연의 맛을 느끼며 즐기고 싶었다. 그래서 매일 순수한 마음으로 진지하게 필사에 임했다. 처음에 서툴던 것이 차차 손에 익어지고, 필사하는 기술도 날로 발전했다. 아무리 피곤해도 필사하면 에너지가 생겼다. 늘 짧은 글로 인스타그램에 글을 올리던 내가, 긴 글을 무리 없이 쓸 수 있게 된 것은 필사를 통해 높아진 필사력 때문이다.

다섯째, 필사함으로써 융합적 사고를 하게 된다. (융합이란 녹이고 합친다는 뜻이 있다) 단순히 남의 글을 베끼는 것이 필사지만 이런 과정을 통해 마음에 쏙 들어오는 문장으로 철학을 하며, 인문학의 숲을 거닐게 된다. 필사함으로 내 삶의 흔적을 돌아보기도 하고, 미래를 향한 새로운 꿈을 품게 된다. 아울러 창조력이 생겨나고 상상력이 함께 하니 하나에서 둘로 연결할 수 있는 능력이 생겨난다. 이것이 바로 "꿩 먹고 알 먹는", 일 석 이조의 융합적 사고력이 되는 것이다.

우습게 보았던 필사는 네 잎 클로버 같은 행운을 가져다 주었다.

무엇이든 우연한 것이 없고, 삶에 당연한 것은 없는 법이다. 제대로 알지 못하면서 하찮게 여기는 일은 이제 안 한다. 이제는 더 이상 '카더라 뉴스'에 속지 않는다. 직접 해보지 않고서는 그 가치를 알 수 없기 때문이다. 목표를 정했으면 행동해야 하는데, 책 쓰기를 위한 행동은 필사다. 우습게 여겼던 필사가 나를 바꾸었고, 이제는 내 인생의 혁명을 일으키는 도구가 되어, 내 삶의 꽃으로 피어나고 있다. 스스로 알을 깨면 한 마리 병아리가 되고 남이 깨주면 달걀부침이 된다고 하지 않던가? 필사하는 습관으로 깊숙한 독서를 하게 되고, 특별한 삶을 누리게 되었다. 이 시간에도 나는 필사 여행자가 되어 행복한 글쓰기를 떠난다.

드디어, 책 쓰기 도전한다!!

내가 사는 이곳 캐나다에는 오토바이 애호가들이 많이 있다. 특히 주말 아침, 흰머리의 나이 드신 여자분들이 오토바이에 어울리는 옷까지 잘 갖춰 입고, 친구들과 함께 당당하게 즐기는 모습을 보면서 그들의 도전에 부러움까지 느꼈었다. 나이가 있음에도 자기가 하고 싶은 것을 주저하지 않고 누리며, 자유로움과 모험 그리고 도전 정신이 빛나 보였다. 나로서는 생각할 수 없는 모습이기에 그들의 모습이 신선하게 다가왔다. 그러면서 오래전에 인상 깊게 보았던 광고문이 생각났다. 뭔가 새로운 일을 시도하고 싶다면, 뭔가 꿈꾸고 있다면 미루지 말라. '언젠가'라는 요일은 없으니 언젠가 할 거로 생각하지 말고 '지금 당장' 하라는 것이다. 우리는 종종 하고 싶은 것을 뒤로 미뤄 두며 '언젠가는 해야지'란 마음을 먹지 않는가? 나 역시 '언젠가는 책을 쓰겠다'라고, 늘 마음속으로만 생각하고 있었다.

그런데 어느 날 다가온 '필사'라는 새로운 인생 친구를 만나면서 생각이 바뀌게 되었다. "필사가 책 쓰기의 기본기다", "필사는 책 쓰는 몸을 만들어 주는 근육과 같다." 이 말을 듣고는 꼼꼼하게 필사하기 시작했다. 마음속에 묵혀 두었던 책 쓰기에 대한 꿈을 펼쳐 봐야겠다는 생각에서였다. 집을 지을 때도 골조가 튼튼해야 무너지지 않는 좋은 집을 지을 수 있지 않겠는가. 이렇듯 무엇에나 기본이 가장 중요하다는 것을 잘 알기에 날마다 필사 근육을 단련해 나갔다. 하루하루 남의 글을 그대로 옮겨 적으며 어떻게 글을 전개하고 연결하는지, 세심히 관찰하면서 탄탄하게 기본기를 익히도록 노력했다. 필사한 지 268일 만에 드디어, 공저를 쓸 기회가 왔다. 새로운 도전의 문이 열렸고 난 이 멋진 출발선 위에 서 있다.

"산에 가야 꿩을 잡고 바다에 가야 고기를 잡는다"라는 속담이 있다. 맞다. 내가 목적하는 곳으로 가려면 그곳을 향해, 방향을 제대로 잡아야 한다. 그래야 원하는 것을 얻을 수 있다. 언젠가 책을 쓰고 싶은 마음만 간직했을 뿐 어떻게 해야 하는지 몰랐었는데, 〈책성원〉이란 모임에 함께 하게 되면서, 필사를 통해 글 쓰는 방법을 익혀 나가게 되었다. 내가 목표로 하는 책 쓰기에 대한 도전을 제대로 할 수 있도록 방향을 잡은 셈이다. 이 모임은 모두가 필사하며 글쓰기에 대한 감을 익혀 나가고, 평생 책 쓰는 삶으로 살기를 원한다는 희망을 품고 있다. 몇십 년 동안 꿈으로만 저장해둔 책 쓰기를, 이제 60대 후반인 지금에서야 꿈을 꺼내 들고 먼지를 털어내고 있다. 조금 더 나이가 젊었을 때 이런 기회를 얻었더라면 좋았겠지만, 이제라도 도전할 수 있다는 것이 감사할 뿐이다. 청춘이란 인생의 어느 기간을 말하는 것이 아니라, 마음의 상태를 말한다고 했다. 나이엔 세월의 흔적이 많이 쌓여 있지만 그건 숫자일 뿐이다. 무엇을 이루겠다는 에너지로 충만하면 나이 따윈 아무것도 아니다. '제로트랜샌던스'(Gerotranscendence)라는 단어도 있다. 노년기는 더 이상 쇠퇴기가 아니라 진정으로 가치 있는 것에 집중할 수 있는, 인생의 절정기라는 뜻으로 만든 합성어다. 백 프로 동의한다. 이때는 아이를 양육해야 하는 부담감이 없다. 방해 받는 일 없이 오롯이 나를 위해 살 수 있는 시간을, 여유롭게 누릴 수 있는 황금 시기다.

  마중물을 아는가? 펌프에서 물을 길어 올리기 위해서는 물을 조금 넣어주어야 한다. 이때 붓는 물 한 바가지가 바로 마중물이다. 엉덩이로 버티며 글을 쓰고 생각의 조각을 이어나가는 작업이 필사다. 268일간의 필사 여행을 한 경험이 책 쓰기의 마중물이 되어주었다. 이젠 하루라도 필사하지 않으면 몸이 가만히 있지 못한다. 필사로 책 쓰기에 대한 동기부여를 받고, 2주마다 모이는 줌 모임으로 함께 하는 분들의 모습을 보며, 새롭게 꿈을 꾸고 이 꿈이 현실이 되는 날을 설렘으로 기다리게 된다.

　어떤 사람은 책 몇 권 읽고 나서 자신만의 책을 출간하고, 또 누구는 그동안 읽었던 책을 잘 소화하며 거기에 자신의 색깔을 입혀, 다른 생각을 만들어 내서 사람들에게 큰 영향을 끼치는 동기부여가 되기도 한다. 그런데 나는 그동안 책만 읽었던, 바보였다. 수많은 책을 읽었음에도 책을 쓴다는 것은 전혀 생각하지도 못했다. 책은 유명한 사람이나 성공한 사람같이 인지도가 있는 사람이어야만 낼 수 있다고 생각했기 때문이다. 언젠가는 자녀에게 물려줄 자서전 한 권은 써야겠다고 막연히 생각하고 있었을 뿐이다. 그런데 독서 모임을 같이 하던 지인이 어느 날 책을 냈다면서 소식을 전해 왔다. 그 순간 갑자기 머리가 띵해지며 가슴 한쪽이 시려왔다. 예전과 달리 요즘은 누구나 책을 낼 수 있는 시대 건만 왜 나는 생각만 하고 책을 쓸 마음을 먹지 못했을까? 한동안 나 자신을 돌아보며 깊은 생각에 빠지게 되었다. 내게 부족한 것이 무엇일까 돌아보니 책 쓰기에 대한 간절함이 없었다. 사는 게 바빠 내가 원하는 것을 할 열정이 사그라져 있었다. 세상에서 가장 나쁜 '개'가 편견이라는 우스갯소리가 있는데 나도 모르게 이 우스갯소리 감옥에 갇혀 있었다. 편견과 고정관념이 얼마나 무서운 것인지 〈책성원〉 모임을 통해 깨닫게 되었다. 멘토 작가가 늘 하시는 말씀이 있다. "조금이라도 젊을 때 책을 쓰라!"라고. 그렇지. 오늘이 가장 젊은 날이라고 했으니, 나이가 좀 들었으면 어떤가?

무엇이 나를 책 쓰기에 도전하게 했을까? 지인의 출간 소식도 한몫했지만, 무엇보다 필사하며 남의 글을 따라 적다 보니, '나도 책 한번 써 보고 싶다'라는 마음이 들었다. 그런데 막상 책을 쓸 기회가 왔는데 눈앞에 놓인 나의 상황을 생각하니 여간 망설여지는 게 아니었다. 아직 두어 달 더 회복 기간을 가져야 하는 남편. 그리고 이사를 해야 하는 형편이라 처리해야 할 서류며 집을 정리하고 짐을 싸야 하기 때문이다. 오늘 내가 하지 않은 것을 며칠 뒤나 몇 년 후라고 해서 시작할 수 있을 것인가? 며칠을 고민하다가 '그래 기회가 왔을 때 하자'라고 마음을 먹게 되었다. 아무것도 모르고 시작한 필사로 수많은 아이디어를 건져 올렸고, 필사하며 느리게 읽는 독서법으로 통찰력을 길렀다. 필사라는 조그만 씨앗 하나 뿌렸는데, 이것이 싹을 틔우며 '책 쓰기'라는 열매를 맺고 있었다. 어리석게 책만 읽던 내가, 마음 한편에 두었던 책 쓰기에 대한 꿈을 꺼내 들고 호흡을 불어 넣는다. 책 읽기가 쉼표라면 책 쓰기는 마침표라는 말이 있다. 너무나 오랜 기간 쉼표만 찍고 주저앉아 있었다. 이제 필사로 닦은 글쓰기로 내 삶의 이정표를 세워야겠다고 마음을 다진다. 삶을 제대로 이해하려면 있는 그대로의 인생을 바라볼 줄 아는 힘이 있어야 한다. 그리고 이것을 글로 풀어내는 것이, 인생에 대한 마침표를 찍는 일이 아닐까? 위대한 성취를 이룬 예술가들은 일상의 반복을 통해 비범함을 이루었다고 말한다. 날마다! 매일! 꾸준히 한 필사 습관. 이 힘으로 나는 '책 쓰기 성공'이란 케이크를 굽는다. 맛있고 멋진 케이크를 만들기 위해서는 최상의 조리법이 필요하듯이 '필사'라는 기본 재료와 책을 잘 쓸 수 있게 만들어 주는 '지도'인 〈책성원〉모임, 이 두 가지가 바로 나만의 책 쓰기 비법이다. 이제 변화와 성장이란 날개까지 달고 비상할 준비를 마쳤다. 버킷리스트로만 품고 있던 답답한 인생을, 필사라는 지렛대로 번쩍 들어 올리게 된 지난 시간. 드디어 268일간의 긴 시간 여행으로, 책 쓰기 정거장에 도착했다.

"우리는 자판 필사하고 책 쓰기 도전합니다!"

02
민지혜 - 긴 글쓰기의 첫걸음 자판 필사

아이가 어리지만, 매일 자판 필사합니다

나는 11살과 6살, 두 아들을 키우는 엄마이다. 10년 넘게 육아와 집안일에만 전념해 왔다. 전업주부로 사는 생활을 하다 보니 어느 순간부터 "나는 누구인가?"라는 자괴감이 스멀스멀 올라오기 시작했다. 하루하루 아이들을 돌보며 나 자신은 뒷전으로 미뤄지기 일쑤였고 하고 싶은 일이 있어도 무엇부터 해야 할지 막막했다. 그리고 막상 무엇을 해야 할지에 대해 고민을 얘기하면 가족들은 "지금 뭘 하려고 하냐, 애들이나 다 키워놓고 나중에 생각해. 지금은 애들 보는 게 우선이고 네 건강이나 챙겨!"라는 말을 했다. 그 말에 스스로 포기하게 되었다. 그리고 틈만 나면 SNS를 본다든지 휴대폰을 만지작거리며 시간을 보내기 일쑤였다. 하지만 둘째가 두 돌이 지났을 무렵, 나는 뭔가를 하고 싶었다. 그동안 책을 읽는 건 좋아했었기에 독서는 틈틈이 했었다. 그런데 책을 읽었어도 그 내용이 잘 기억이 나지 않고 심지어 산 책을 또 사서 보거나 빌린 것을 또 빌렸다. 아이가 어리니까 육아와 교육에 관련된 서적을 주로 읽다 보니 겹치는 책들이 많았다. 책은 읽었는데 내용은 금방 휘발되어 버려서 읽은 것도 아닌 안 읽은 것도 아닌 그런 독서를 하면서 보냈다. 엄마가 되어 엄마 역할을 잘하고 싶어서 마음은 늘 앞서 있었다. 사실 육아와 집안일을 거의 도맡아 하다시피 해서 몸은 늘 바빴는데 티는 안 나고 남는 게 없다는 생각이 드는 하루하루였다. 챙겨야 할 아이들이 있으니 어디 오프라인 모임을 참여해서 뭘 배우러 다니기도 부담스러웠다. 그러다 온라인 커뮤니티에서 필사라는 것을 알게 되고 직접 필사해보면서 필사에 대한 인식이 바뀌는 계기가 있었다. 필사는 나에게 새로운 변화를 가져다주었다. 특히 아이들이 어리기 때문에 꼭 해야만 하는 필사는 단순한 취미를 넘어 삶을 변화시키는 중요한 루틴으로 자리 잡게 되었다.

필사에 관심을 가지게 된 계기는 육아 중에서도 집에서 할 수 있는 자기 계발 방법을 찾으면서였다. 필사라고 하면 손으로 노트에 쓰는 손 필사부터 떠올렸었다. 책을 통째로 필사한다는 자체가 시간 낭비가 아닐까? 그 시간에 책을 몇 권 더 읽는 것이 나은 게 아닌가? 하는 의구심도 들었다. 하지만, 온라인 북클럽에서 필사하면 좋다고 강력히 추천을 해줘서 그럼 나도 한번 해볼까? 하는 마음에 《하루 20분 필사의 힘》이라는 책을 먼저 필사해 보았다. 다섯 명의 작가들이 필사에 대한 장점을 쓴 책인데, 이 책을 필사하면서 책의 작가와 대화하는 느낌이 들고 공감이 가는 부분에서는 고개를 끄덕이면서 내 생각도 적어보고 필사에 대한 인식이 바뀌게 되었다. 책 한 권 필사를 끝내고 나니 무언가 모를 희열감과 강렬한 메시지가 마음에 꽂혀서 이거 자판 필사는 할 만하구나! 라는 생각과 책의 내용을 제대로 머릿속에 남길 수 있어서 필사를 꼭 해야겠다는 생각이 들었다. 좀 더 나은 삶을 살고 싶고 성장하기 위해 책을 읽는 사람들이 대부분이라고 생각한다. 나 또한 책을 많이 읽으면 읽을수록 더 나은 하루를 보내는 것이라고 여겼다. 그런데 그동안 책을 읽을 때만 고개를 끄덕이면서 이렇게 해야지 저렇게 해야 한다고 생각만 하다가 책을 덮으면 다시 내가 살던 방식대로 살게 되었다. 변화는 생각에서만 그쳤다. 그런데 필사하니 달랐다. 책을 대하는 생각이 달라지고 일단 나의 태도가 바뀌기 시작했다. 책을 읽고 난 후 책의 내용이 기억나지 않고 사라지는 독서를 해왔다면, 필사는 손으로 쓰고 눈으로 익히고 마음에 그 글을 담게 되면서 필사한 책의 내용 대부분이 고스란히 내 마음에 새겨지는 기분이 들었다. 글을 곱씹어 보게 되는 것이다. 특히 육아에 관련된 책을 필사할 때는 저자의 가치관을 떠올리며 이 상황에서 저자라면 어떻게 했을까? 하는 생각이 들었고 나도 닮고 싶은 부분을 떠올리며 속으로 나 자신에게 대화하면서 좀 더 나은 방향으로 행동하게 끔 하는 효과가 있었다. 이를 통해 아이들과의 관계에서도 더 나은 방향으로 갈 수 있었다. 그리고 필사한 내용은 더 생생하게 기억나서 몸으로 체득하는 기분이 들었다.

필사를 통해 오히려 육아하는데 노하우를 얻게 된 것은 덤이다. 첫 아이를 키울 때는 나도 정말 멋모르고 여기저기 귀동냥으로 육아와 관련된 팁을 얻고 이것도 해보고 저것도 해보고 우왕좌왕했다. 여러 가지 좋은 육아 아이템이라든지 육아와 관련된 모든 것은 내 아이와 잘 맞느냐가 중요한데 남들이 다 좋다고 하는 것으로 따라 하다 보니 결국, 시행착오도 많이 겪었다. 첫째 아이를 키울 때 처음이니 뭐든지 의욕이 앞서 있었다. 모유 수유가 아이에게 좋다고 해서 시도하는데 생각보다 너무 힘들었다. 유두보호 젖꼭지를 보조로 사용해야 아이가 간신히 빨 정도였고 젖몸살도 자주 와서 '오케타니'라는 가슴 마사지도 자주 받으러 다녔다. 그래서 슬슬 분유로 갈아타야지 하던 때, 그 당시 조리원 동기 엄마들에게 독일의 한 분유가 있는데 황금 똥을 누게 해주는 분유로 유명해서 해외직구로 그 독일 분유를 사서 먹이거나, 산양 분유가 좋다는 이야기들을 들었다. 일단 나도 엄마들 사이에서 유명한 분유를 찾아 먹여보기 시작했다. 그런데 아이는 잘 먹지 않았고 먹고 나서 토를 자주 하거나 얼굴과 몸에 울긋불긋하게 두

드러기 같은 것이 올라왔다. 병원에 가서 이것저것 검사를 해보니 유제품 알레르기가 있어서 그렇다고 했다. 결국 국내에서 생산되는 분유 중 유당분해가 된 특수 분유를 먹이기 시작했고 그 분유는 첫째에게 잘 맞아서 잘 먹일 수 있었다. 많은 엄마가 좋다고 해서 따라 하는 것이 좋을 수도 있지만 중요한 건 내 아이는 내가 제일 잘 아는 것이다. 엄마가 아이를 잘 관찰하고 알아야 가장 필요한 것을 내 아이에게 맞게 해줄 수 있듯이 필사는 나 자신을 관찰하는 시간을 갖게 해준다. 육아하다 보면 나는 없어지는 느낌이 들 때가 많은데 하루하루 필사하다 보면 그 성취감으로 오늘 하루 더 알차게 보낼 수 있겠다는 긍정의 에너지가 생긴다. 책의 내용을 기억에 오래 남기고 마음에 새기며 실천으로 이어지는 이 과정은 단순히 책을 읽는 것 이상의 가치를 느끼게 해준다.

아이가 어리다는 이유로 오프라인 활동에 제약이 많았던 나에게 자판 필사는 성장의 시작점이 되었다. 단순히 책을 읽고 끝내는 것이 아니라 책에서 느낀 깨달음을 몸소 실천하면서 점점 더 나은 엄마, 더 나은 자신으로 나아갈 수 있었다. 물론 변화한다는 것은 쉽지 않은 일이고 매일 매일의 노력이 필요하다. 그래서 나는 나에게 스스로 응원단장이 되어 응원해 주기로 마음먹었고 그 힘은 필사하면서 만들 수 있었다. 필사하는 시간을 통해 아이들과의 관계뿐 아니라 나 자신을 돌아보고 성장할 수 있었다고 생각한다. 비록 지금은 육아와 집안일이 삶의 중심이지만 필사를 통해 작은 시간을 소중히 여기며 나 자신을 가꿔나갈 수 있어서 많은 사람, 특히 육아와 집안일을 하면서 자존감이 많이 낮아지는 엄마들에게 자판 필사의 시간을 가져보길 꼭 권하고 싶다. 육아하는 자체를 즐기면서 오히려 자존감이 높아지는 엄마들도 분명히 있겠지만 나는 그렇지 못해서 의식적으로 나 자신을 추켜세워줘야 했다. 고민 없이 육아하는 사람은 없을 것이다. 아이가 성장하는 시간 동안 필사하면 엄마인 나도 함께 성장하는 기쁨을 맛볼 수 있을 것이니 필사를 추천한다.

필사는 엄마 자신만의 시간을 가지게 한다

"전업주부가 뭐가 그렇게 바쁘냐? 애들 오전에 학교에 보내고 유치원에 보내놓고 나면 할 일이 없지 않냐?"라는 말을 들었다. 예전에 한 드라마에서 비슷한 또래 아이들을 키우는 엄마들끼리 만나 분위기 좋은 카페나 레스토랑에 모여있는 장면이 나오는 부분이 있었다. 엄마들끼리 커피를 마시면서 혹은 브런치를 즐기면서 수다를 떠는 모습을 보여주는 장면들이었는데 주로 아이들 교육에 관련된 이야기와 학원 정보를 주고받기 위한 공유의 장을 여는 모습이었다. 이와 관련하여 몇 년 전 '돼지엄마'라는 말이 유행어로 떠오른 적이 있었다. 돼지엄마는 교육열이 매우 높고 사교육에 대한 정보에 정통하여 다른 엄마들을 이끄는 엄마를 이르는 말이다. 한 드라마에서도 유명 학원과 유명한 과외선생님들을 줄줄이 꿰뚫고 있어서 그 엄마를 만나기 위해 다른 엄마들이 기다리며 모여있는 장면들이 있었다. 그런 영향에서인지 전업주부로서의 주된 생활은 아이 교육에 올인하고 남편이 벌어주는 돈을 쓰면서 편하게만 생활한다고 여기는 사람들이 더러 있다. 워킹맘들은 일단 출근하면 직장인으로서, 집에 오면 다시 엄마로 이렇게 역할 스위치가 켜졌다 꺼졌다 하며 강제로 환경 전환이 된다. 하지만 전업주부는 아무래도 계속 전업주부로서의 스위치가 계속 켜져 있는 환경이다 보니 자꾸 자식에게 관심이 집중될 수밖에 없다. 자식에 관련된 일, 특히 교육에 관해서는 더욱 신경을 곤두세우게 되는 경향이 있다. 많은 엄마가 자식 교육에 관해서 관심이 많을 것이다. 나도 아이와 관련된 모든 영역에 관심이 더 많았다. 엄마라는 역할이 처음이라 그런지 뭐든지 의욕적이었다. 특히나 아이를 잘 키워보고 싶다는 마음이 더 컸고 모든 생활은 아이 위주로 돌아갔다. 어느 순간부터 '내 이름'보다는 'K 엄마'로 더 많이 불리고 그렇게 'K 엄마'로 살아가는 시간이 많아졌다. 이따금 동네에 마음이 맞는 아이 친구 엄마들을 만나서 티타임을 갖게 되면 주된 이야기의 비중은 아이와 관련된 이야기들이었다. 그래도 같은 또래 아이의 엄마이다 보니 비슷한 육아의 힘듦을 나누고 공감하며 그 순간은 즐거운 시간이었다. 하지만 막상 집에 돌아오면 마음 한쪽 구석 어딘가에서는 무언가 허무한 감정이 들 때가 있었다. 해소되지 않는 그런 갈증을 느꼈다. 그러다 어느 날 문득 내가 없어지고 있다는 기분이 들었다. 이렇게 아이 중심으로만 사는 건 아닌 것 같다는 생각이 불쑥불쑥 들었다. 혼자만의 시간이 필요했고 어떻게든 나만의 시간을 가져보자는 생각을 하게 되었다.

육아 초기 신생아 시절부터 아이가 아장아장 걸어 다닐 때의 육아 시기를 돌이켜보면 잠을 제대로 자지 못해서 힘들었다. 아이가 2~3시간마다 깼기 때문에 먹이고 트림시켜서 재우고, 기저귀 갈아주고 다시 자다가 깨면 안아주고의 반복적인 패턴으로 낮과 밤의 구분이 없었다. 오로지 아이의 기본적인 욕구를 채워주기에 바빠서 '나'는 화장실에 갈 틈, 밥을 제대로 챙겨 먹을 틈이 없이 하루하루를 보냈다. 그나마 친정어머니가 가까이 계셔서 많이 도와주셨기에 도움을 많이 받았으나 그 시간마저도 장을 본다거나 집안일을 하면서 보냈기에 온전히 나만의 시간은 제대로 가질 수가 없었다. 아이에게도 도움이 되고 나 자신을 위한 시간을 보내기 위해서 무엇을 하면 좋을까 생각했다. 마침 그때 'Hello 베이비, Hi 맘'이라는 책이 있었는데 아이에게 말을 건넬 때 영어로 다정한 대화문을 상황별로 정리해 놓은 책이었다. 그 책 속에 영어 대화문들은 일상생활 속에서 하는 말들을 쉽게 표현해서 그 표현 그대로 자연스럽게 아이에게 써먹을 수 있도록 해주었다. 예를 들어 기저귀를 갈 때 '응가 했네, 찝찝하겠다 얼른 엄마가 갈아 줄게 엉덩이를 닦으니 이제 뽀송해졌네!'라는 식의 간단한 우리말을 영어로 이야기해주는 것이다. 나는 그 영어문장들을 노트에 베껴 쓰면서 아이 앞에서 외운 것을 이야기해보려 했었다. 어떤 글을 노트에 베껴 적어보고 그것을 내 것인 것처럼 사용해보는 행위를 했던 자체가 필사하기 위한 첫걸음이었다고 생각한다. 24시간 아이의 생활 리듬이 불규칙했지만 어떻게든 아이를 재우고 난 후 아이가 깨기 전까지 30분 정도는 일부러 시간을 내었다. 영어 대화문을 필사하고 난 뒤 그 종이에 적은 영어문장을 아이에게 이야기할 때 나도 모르게 고음의 목소리로 바뀌니 아이를 대할 때 좀 더 다정한 엄마가 되는 기분이었다. 필사하지 않고 그냥 외우기만 해도 되는 거 아니야 라고 생각할 수도 있다. 그런데 직접 문장 하나하나 쓰면서 그 상황을 떠올리기 때문에 이미지 트레이닝이 되어 실전에서 더 자연스럽게 나올 수 있었다. 마찬가지로 책을 읽기만 하는 것은 내용이 금방 휘발되어 책을 덮으면 생각이 잘 나지 않지만, 필사하면 책의 내용이 더 마음에 새겨져 행동의 변화가 더 빨리 일어난다. 필사한다고 생각하면 힘들고 수고스러운 것이라는 이미지를 떠올릴 텐데 거창하게 생각하지 말고 우선 당장 생활에서 변화를 줄 수 있는 쉬운 문구부터 한두 문장이라도 필사하기를 권하고 싶다. 필사하면 할수록 내 생각의 폭이 넓어지는 걸 느낀다. 집에서 육아하다 보면 자꾸 여러 변수가 생긴다. 하지만 그럴수록 엄마의 시간을 가질 수 있는 무언가 강제 루틴이 필요한데 필사는 그런 점에서 아주 좋다. 엄마라는 역할은 육체적 정신적으로 에너지가 많이 소모된다. 필사는 엄마의 정신적 성장을 도와주기 때문에 필사를 꼭 해보기를 추천한다. 내가 필사하면서 육아에 도움이 된다고 느꼈던 점은 다음과 같다.

첫째, 엄마의 육아 가치관을 더욱 확고히 다질 수 있게 해준다. 아이를 키우다 보면 여러 이야기에 갈팡질팡 고민하게 될 때가 많다. 나를 위한 것이라면 적당히 끊어낸다거나 거절할 사안도 아이와 관련되어 있다면 다시 한번 고민하게 될 때가 많다. 그럴수록 내가 추구하는 가치관과 맞는 저자의 책을 필사하다 보면 어느 순간 나도 닮고 싶은 부분은 따라 행동하도록 노력하게 된다. 여러 육아서가 있지만 그냥 읽을 때는 그 순간만 끄떡이게 되고 책을 덮으면 생각이 잘 나지 않는다. 그런데 필사를 하게 되면 책에서 와 닿았던 좋은 말들이 바로 떠올라서 좀 더 긍정적인 방향으로 선택할 수 있다.

둘째, '아이 때문에'라는 생각에서 벗어나 '아이 덕분에'라는 마음을 갖게 해준다. 나는 원래 아이를 좋아하는 사람이었는데도 막상 내 아이를 낳고 보니 24시간 육아는 생각만큼 만만하지 않았다. 그동안 주변에 어린아이를 볼 때 까르르 잘 웃고 애교부리는 귀여운 모습만 잠깐씩 봤었기 때문에 육아가 힘들 것이라고는 생각을 못 했다. 나에 겐 또 띠동갑 이상 차이가 나는 어린 동생을 돌봤었던 경험도 있었기에 육아를 쉽게만 생각했었다. 하지만 내가 직접 육아해보니 쉬운 일이 아니었다. 그런데 필사를 통해서 내 마음의 각오를 하게 되고 오늘 하루도 언젠가 책의 한 에피소드가 되겠다는 마음을 갖게 해주니 아이와 보내는 시간을 좀 더 긍정적으로 보내려고 노력하게 된다.

셋째, 엄마가 아닌 온전히 '나'를 바라볼 수 있는 시각을 갖게 해준다. 필사하면서 단지 책의 내용만 필사하는 것이 아니고 반드시 1꼭지를 필사하고 그 1꼭지에 대한 나의 감상문을 적었다. 필사하면서 공감되거나 위로되었던 글귀를 떠올리며 감상문을 쓰다 보면 마음이 차분해지고 정리가 되는 느낌이 좋았다. 그래서인지 좀 더 객관적인 시각으로 나 자신을 바라보게 되었다. 그동안 다른 사람들에게 어떻게 비칠까 하는 것에 연연해했었는데 필사하면서 글을 쓰다 보니 점점 나 자신이 어떤 사람인지 생각해보게 되었다. 내 안의 나와 대화를 먼저 하게 되니 최대한 객관적인 시각으로 나 자신을 바라보려고 노력하는 습관이 생겼다.

육아 초반 제일 힘든 것 중 하나는 아이가 어려서 자주 깨기 때문에 잠을 깊이 잘 수 없다는 것이었다. 그리고 몸이 피곤하면 정신적으로도 힘듦이 더 크게 느껴진다. 아이가 두 돌 가까이 되었을 때 내 소원 1순위는 8시간 이상 잠을 푹 자보는 것이었다. 자는 시간도 부족한데 어린아이와 함께하는 24시간 중 필사하는 시간을 내는 것이 쉽지 않다고 느낄 수 있다. 그렇지만 그 힘든 24시간 중에 인터넷 쇼핑할 시간과 유튜브, 넷플릭스에서 영상을 보거나 인스타, 틱톡과 같은 SNS를 확인할 시간은 있다. 그렇게 날려버리는 시간을 딱 10분씩, 20분씩만 모아서 필사하는 시간을 확보한다면 얼마든지 필사를 할 수 있다. 아이가 커갈수록 육체적인 부분보다 정신적인 부분에서 더 힘듦이 커진다고 한다. 그러니 필사를 통해서 엄마의 마음 세계를 견고히 다져놓는다면 어떤 상황이 닥쳐도 좀 더 유연하게 바라보는 여유가 생길 것이다. 그리고 아이가 조금 더 커서 어린이집이나 유치원을 다니게 되면 오전만큼은 엄마만의 시간을 확보할 수 있다. 그 시간 꼭 필사의 루틴을 만들어서 엄마가 아닌 '나'의 내면 성장을 할 수 있는 시간을 갖길 바란다. 아이 중심으로만 생각하거나 누구 엄마로만 사는 것이 아니라 '나'를 잃지 않고 중심을 잡아주기 위해서 하루에 한 번 필사라는 루틴을 꼭 넣기를 추천한다.

산 넘어 산인 육아, 필사로 힐링한다

아이들은 면역체계가 약해서 감기나 유행성 질병에 자주 걸리는 경우가 많다. 특히 우리 아이들은 유행병이란 유행병은 늘 넘어가지 않고 항상 다 걸렸다. 나을만하고 괜찮아졌다 싶으면 또 다른 바이러스에 감염되고 아팠다. 입원을 자주 하는 편이어서 아이가 약간의 감기 증상만 보여도 나는 예민해진다. 특히 둘째가 유치원에 다니기 시작하면서 자주 감기에 걸리고 아파 약을 먹어야 할 때가 많았다. 그런데 약을 먹이려고 할 때마다 먹기 싫어해서 어떻게든 이리저리 도망가는 둘째를 붙잡고 약을 억지로 먹일 때가 많았다. 잘 먹어줄 때도 있지만 입에 물고 다시 뱉어버리는 일도 있어서 다시 약을 타서 먹이는 경우도 종종 있었다. 하루는 약을 먹어야 하는데 블루베리를 먼저 먹고 약을 먹겠다고 고집을 부렸다. 블루베리를 한입 가득 먹고 바로 약을 먹다가 목에 걸렸는지 다 토해냈다. 다시 약을 준비해 먹기 싫어하는 아이를 어르고 달래서 간신히 약을 먹이며 사탕이나 초콜릿을 주는 것으로 마무리했다. 이상적인 방법은 아니지만 약을 먹어야 빨리 낫고 증상이 더 심해지지 않으니 약을 먹기 싫어한다고 해서 안 먹일 수가 없다. 아이의 빠른 회복과 건강을 위해서 어떻게든 약을 먹이려고 한다. 마찬가지로 육아하며 버겁다고 느끼거나 힘들다고 느낄 때 더욱더 하는 일 중 하나는 바로 필사이다. 육아 하다 보면 정신없고 바쁘고 힘들 때도 많지만 어떻게든 필사하는 시간을 확보해 나의 마음을 좀 더 긍정적으로 가다듬으려 노력한다. 애들 보는 것만으로도 바쁜데 웬 필사냐 할 수 있지만 필사하고 나서 하루를 시작할 때 나의 마음은 좀 더 말랑말랑해진다. 마음에 여유가 생기니 아이들에게 좀 더 부드럽게 대하는 나를 보게 된다.

나는 남자아이가 둘이다. 첫째는 초등학교 4학년, 둘째는 6살 유치원생이다. 첫째가 5살 때까지만 해도 아이가 한 명이고 힘들다고 해도 이 아이 한 명만 돌보면 되었기에 어떻게든 혼자 해결하며 보냈었다. 그런데 둘째가 태어난 이후 상황이 많이 달라졌다. 남자아이치고 유순한 편이었던 첫째는 둘째가 태어나니 엄마에 대한 질투심과 경계하는 마음이 커져서 그런지 더욱 엄마 껌딱지가 되었다. 둘째는 어려서 손이 많이 가는데 첫째도 엄마의 손길을 계속 갈구해서 동시에 아이들의 요구를 들어주기가 곤란한 상황이 많아졌다. 첫째의 숙제를 봐줘야 하는 상황에서 둘째가 책을 읽어 달라고 하거나, 첫째를 급히 학원에 데려다줘야 하는데 둘째의 대변 신호에 바로 화장실을 가야 하는 상황, 첫째의 밥을 차린다고 고기를 굽고 있는데 둘째가 레고를 맞춰달라든가, 장난감을 찾아달라는 등, 아이 둘 이상을 키우는 엄마들이라면 아이들이 동시에 엄마를 찾는 상황에 대해 공감이 갈 것이다. 아이들이 5살이라는 나이 터울이 있어서 잘 싸우지 않겠다고 하지만 그래도 다툰다. 서로 잘 놀다가도 남자아이들이라 그런지 순식간에 우당탕하며 집안이 난장판으로 변할 때가 많다. 하루는 둘이 레고블록을 갖고 잘 놀고 있었다. 그런데 필요한 레고블록이 같아서 서로 가지려고 다투기 시작했다. 둘을 떼어놓고 각자 진정시키는 과정에서 나도 큰소리를 치게 되고 화를 내게 되면서 감정이 상한다. 그리고 내 감정이 앞서서 화를 내고 나면 마음 한쪽에서 후회가 밀려온다. 아이들에게 좀 더 차분하게 이야기할걸. 후회와 미안함이 몰려오는 건 잠시, 또 비슷한 상황이 반복될 때마다 나는 아이들을 바라보는 내 마음과 눈이 뾰족해짐을 순간적으로 느낀다. 그럴 때마다 각자 아이들을 떨어뜨려 놓고 우리 10분 동안 마음속의 화난 감정을 누그러뜨려 보자고 이야기해본다. 그리고 진정이 되면 아이들 각자 좋아하는 영상을 틀어준 다음 나도 잠시 숨을 고르고 노트북부터 켠다.

한 줄이라도 필사하고 글을 쓰면 마음을 다스리기에 좋다. 아이와의 관계에서 감정이 상하지 않으려면 우선 내 마음부터 차분히 다스리려고 노력한다. 그래야 아이를 좀 더 이성적으로 대하며 대화를 이끌어 나갈 수 있다고 생각한다. 이런 점에서 엄마의 마음을 다스려줄 제일 좋은 방법은 필사하는 것이다. 내가 생각하는 이상적인 엄마는 화가 났을 때 감정의 날을 앞세우지 않고 좀 더 부드럽게 감정을 다스리는 법을 알려줄 수 있어야 한다고 생각한다. 그러려면 나부터 화를 내지 않고 말하는 연습이 필요한데 필사하며 나 자신을 돌아보는 연습을 하게 되어서 그런지 아이들에게 소리치고 같이 감정적으로 대하는 일이 예전보다는 많이 줄어들었다.

초등학교에 다니는 첫째아들은 축구를 좋아해서 학교 수업이 끝나고 운동장에서 늘 축구를 한다. 축구하고 학원에 갈 시간이 되도록 집에 오지 않아서 운동장에 나가보면 다른 몇몇 엄마들도 각자 아이의 이름을 부르며 재촉하고 있다. 다 남자아이를 둔 엄마들이다. 초등학교에 가면 아이는 뭐든지 스스로 할 수 있을 줄 알았지만, 초등학생도 아직 아이라 엄마의 손이 많이 간다. 아이가 2학년 1학기 초에 컴퓨터를 배워두면 좋다고 들어서 학교 정규수업 후 방과 후 과정으로 컴퓨터 수업을 듣는 일정을 넣었다. 그런데 자꾸 '어머님 K 학생이 아직 수업에 오지 않아서 확인 부탁드립니다.'라는 문자메시지를 받았다.

그럴 때마다 부랴부랴 학교에 가보면 운동장에서 진지하게 축구를 하는 아들이 보였다. 방과 후 수업이 끝나고 축구를 해도 되지 않느냐 했지만, 그때에는 축구를 같이 할 친구들이 없어서 안 된다고 했다. 계속 수업에 무단결석을 하게 되어 결국 방과 후 수업을 빼고 축구를 실컷 하고 난 다음 학원에 가는 것으로 시간을 조정했다. 학교 끝나고 축구를 실컷 할 수 있으니, 아이는 더 좋아하고 행복해했다. 축구를 하고 나면 힘들어서 학원에서 졸거나 수업에 따라가기 힘들지 않겠냐는 걱정이 있었지만, 오히려 아이는 축구하고 나서 학원에 갔을 때 더 집중이 잘 된다고 했다. 나도 필사로 하루를 시작할 때 좀 더 하루를 즐겁게 보낼 수 있기 때문에 좋아하는 축구를 먼저 하고 싶어 하는 아이의 마음을 이해할 수 있었다. 필사하면서 나 자신과의 대화 시간을 갖다 보니 아이의 관점에서도 생각하는 여유가 생겼다. 예전 같았으면 수업료도 아깝고 지금 이 시기에 다들 배워두면 좋다고 하니 어떻게 해서든 수업을 듣게 하려고 했을 것이다. 아이를 키우다 보면 사교육시장이 어마어마한 것도 보게 되고 내 아이가 이것도 저것도 잘했으면 좋겠다는 마음이 커진다. 그래서 엄마의 욕심대로 억지로 시키는 경우가 많이 있다. 필사하며 나 스스로 돌아보는 시간이 없었다면 나는 내 욕심에 기준을 두고 아이를 끌고 갔을 것 같다. 하지만 책을 읽고 필사하면서 나의 욕심인지 아이를 위한 것인지에 대한 기준을 만들어보며 나에 대해 알아차림을 하게 되었다. 필사하며 알게 되는 나의 알아차림의 시간은 육아하면서 드는 여러 가지 감정들을 삭아주는 데 도움을 주고 있다.

한때 나는 아이들이 내가 생각한 대로, 내 계획대로 커 줄 것이라 쉽게 생각하면서 정작 육아하면 할수록 버겁다고 느낀 적이 많았다. 그렇게 '아이 때문에'라는 부정적인 시각도 가진 적이 있었다. 하지만 필사하며 글을 쓰다 보니 나 자신을 다시 바라보게 되고 '나'는 어떤 사람인지에 대한 물음과 답을 찾아가는 연습을 하게 되었다. 이제는 '아이 덕분에' 엄마도 성장하는구나! 라는 것을 느낀다. 필사하면서 내가 갖고 있던 관념들이 달라지면서 불안한 마음을 떨칠 수 있게 되었다. 육아하면서 감정의 롤러코스터를 많이 타던 내가 필사하면서 좀 더 차분하게 상황을 바라볼 수 있는 여유가 생긴 것이다. 둘째를 낳고 많이 들었던 이야기 중 하나가 "둘째는 거저 큰다"라는 거였다. 하나를 낳고 키워봤으니 둘째는 쉽게 키울 수 있겠다고 생각했지만, 전혀 아니었다. 같은 배에서 나왔어도 너무나 다른 아이들이다. 아이들 각자 성격과 기질이 달라서 각각 아이에게 맞는 육아를 해주어야 한다. 그러려면 엄마가 좀 더 안테나를 바짝 세워 관심을 가져야 한다. 거저 크는 아이는 없다. 엄마라는 타이틀이 아이를 낳았다고 당연히 좋은 엄마가 되는 것은 아니듯이 좋은 엄마가 되기 위해 엄마도 노력해야 한다고 생각한다. 요즘에는 육아에 관련된 여러 가지 정보들이 넘쳐나서 그 많은 정보와 지식을 다 적용하기도 쉽지 않다. 갈수록 육아는 산 넘어 산이라고 생각한다. 하지만 필사를 통해 나 자신과의 소통 시간을 갖게 되면 그 시간을 발판 삼아 아이와도 더 좋은 관계를 맺어갈 수 있는 밑거름이 된다고 생각한다. 그러니 육아하는 엄마들일수록 필사하는 시간을 확보해 육아하며 오는 고비를 부드럽게 넘겨보기를 바란다.

〈책성원〉을 만나면서 꿈을 현실화하고 있다

'편견'에 대해 사전을 찾아보았다. 사전적 정의를 확인해 보니, 공정하지 못하고 한쪽으로 치우친 생각이라는 뜻으로 나온다. 나는 살아오면서 학교에서든 어디에서든 편견을 갖지 말고 살아야 한다는 것을 배워왔다. 그렇지만 나는 나도 모르게 편견이란 안경을 끼고 살아오고 있었다. 특히 무언가를 배운다는 것은 직접 얼굴을 보고 배워야지만 진짜 배울 수 있는 것으로 생각했다. 하지만 코로나 이후로 어떤 모임과 만남에 대한 인식이 완전히 바뀌었다. 나는 첫째를 키울 때만 해도 4살까지 어린이집을 보내지 않고 마음이 맞는 엄마 두 명과 함께 번갈아 가면서 문화센터 수업도 듣고 일주일에 한두 번은 돌아가면서 집에 초대해 공동육아를 했었다. 그런데 코로나가 시작된 이후 오프라인 프로그램이 많이 없어지고 단체모임이 제한되다 보니 20년 1월에 태어난 둘째에게는 해 줄 수 있는 것이 많지 않았다. 그저 코로나가 걸리지 않기를 바라면서 집에서 보내는 시간이 많았다. 원래 사람들을 만나고 배우는 것을 좋아하는 나에게는 조금 답답함이 있었다. 그러던 중 온라인 커뮤니티 활동이 생겨나고 온라인을 통해서도 사람들을 만나고 배울 수 있다는 것을 알게 되었다. 21년도부터 내가 하게 된 엄마표 커뮤니티에서도 여러 수업이나 활동들을 온라인 '줌'을 통해 들으면서 온라인에서의 모임에 익숙해져 갔다. 마음과 가치관이 맞으면 온라인 만남에서도 끈끈하게 인연을 이어가고 또 여러모로 배울 수 있다는 것을 알게 되었다. 오히려 가치관이 비슷한 사람들끼리 만날 수 있어서 공감도 더 잘되고 지향하는 바가 비슷하다 보니 온라인이지만 오랜 기간 관계를 유지할 수 있는 장점이 있다. 그동안 나는 배움은 무조건 오프라인에서 배우는 것이 좋다고 여겼었는데 그런 편견들이 없어졌다. 코로나 이후 줌 수업이나 온라인 학습이 많이 발전해서 오프라인으로 배우지 않아도 된다는 인식이 커진 것이다. 오히려 오프라인에서의 배움이 시간 관리도 하면서 반복해서 들을 수 있는 장점들이 많았다. 관련 단톡방에서 비슷한 나이대의 아이들이 있는 엄마들과 소통하고 정보를 나누며 육아에 적용하고 활용하는 데 큰 도움이 되었다. 이를 통해 오프라인과 온라인에서의 배움과 만남에 대한 편견을 없앨 수 있었다. 나에겐 또 하나의 편견이 있었는데 그것은 바로 책 쓰기였다. 책 쓰기는 국어국문학과를 나온 문학가나 전문가만이 책을 쓸 수 있다는 편견이 있었다. 하지만 나는 필사를 시작하면서 책 쓰기는 누구나 할 수 있다는 것을 알게 되었다. 나는 내가 편견이 없는 사람이라고 생각해 왔고, 가진 편견이 뭐가 있는지 인식조차 못 하고 있었다. 필사를 통해 인식하지 못했던 '편견'에 대한 생각들이 바뀌면서 필사는 점점 나의 중요한 루틴 중 하나로 자리를 잡게 되었다.

'근묵자흑(近墨者黑)'이라는 말이 있다. '먹을 가까이하는 사람은 검어진다.'라는 뜻으로 나쁜 사람과 가까이 지내면 나쁜 버릇에 물들기 쉬움을 비유적으로 이르는 말이다. 반대로 '근주자적(近朱者赤)'이라는 말은 '근묵자흑'과 반대되는 말로 '붉은 것을 가까이하면 붉어진다는 뜻으로 좋은 사람과 가까이 지내면 그 영향을 받아 선해진다는 의미를 담고 있다. 두 사자성어 모두 환경과 만나는 사람에 따라 받는 영향이 크다는 메시지를 준다. 이 사자성어에서도 말하듯이 내가 있는 환경, 속해 있는 집단, 주변에 어떤 사람이 있느냐에 따라 나의 가치관도 영향을 받을 수밖에 없다. 나는 몇 개의 온라인 커뮤니티에서 활동하고 있는데 그중 하나는 책 쓰기를 하는 "책성원"이라는 커뮤니티이다. "책성원"은 책 쓰고 성장하고 원하는 삶 살기를 추구하는 온라인 모임이다. "책성원"에서의 멤버들은 나이, 경력, 환경이 다 다르다. 그렇지만 한가지 목표는 같다. 그것은 바로 책을 읽고 필사하며 책 쓰기 도전하기이다. 각자 지낸 삶의 경험과 여러 이야기를 책으로 낸 분들이 많다. 이분들 역시 처음에 필사를 통해 긴 글쓰기를 익히고 책을 내셨다고 한다. 나도 "책성원"에서 본격적인 필사를 시작하며 책 쓰기에 관한 생각을 새롭게 할 수 있게 되었다. 특히 "책성원"의 리더인 N작가도 평범한 직장인으로서, 엄마로서의 삶을 살아왔지만 벌써 책을 20권이나 넘게 출간했고 지금 또 같이 공동 책 쓰기 작업을 진행 중이다. 나는 직장인도 아니고 뭐 하나 제대로 내세울 것 없는 지극히 평범한 전업주부이지만 지금 '책성원'에서 같이 필사하면서 책 쓰기에 도전하고 있다. 가족에게 필사를 굳이 힘들게 뭐 하려 하느냐는 시선도 여전히 받고 있지만, 필사로 인해 내 생각이 전환되고 인생관이 바뀌는 것을 느끼기에 필사를 놓을 수가 없다. 필사하면서 작가가 던지는 메시지를 곱씹어 보기도 하고 자문자답하는 시간을 갖게 됨으로써 여기저기 흩어졌던 관심사를 온전히 나 자신에게 집중하게 만들어 준다. 그동안 나는 누군가의 노하우를 배우기에만 급급했다. 그래서 팔랑귀라는 이야기를 듣기도 하고 다른 사람의 의견에 크게 좌우되기도 했다. 그런데 필사하다 보니 나 자신을 돌아보고 내 안의 목소리를 들을 수 있게 되었다. 필사하기 전까지 나는 나만의 메시지가 없이 살아왔다는 생각이 들었다. 그동안 큰일을 결정하거나 결단을 내려야 할 때 친구들이나 주변의 믿을 만한 사람들에게 자문하기 일쑤였다. 이렇게 다른 사람들의 의견에 귀 기울여 결정을 내리는 경우가 많았다.

    그런데 필사하면서 정말 내가 원하는 것이 무엇인지, 내가 추구하고자 하는 방향이 맞는 것인지를 곱씹어 보게 되었다. 비슷한 상황이 닥쳤을 때 속으로 브레이크를 걸고 좀 더 생각해 볼 수 있게 되었다. 이렇게 필사하면서 조금씩 나는 나의 삶을 살아볼 용기를 갖게 되었다. "책성원"이라는 커뮤니티는 왜 필사하고 글을 써야 하는지를 매일 일깨워주기 때문에 의지가 약하더라도 어떻게든 따라가려 하다 보니 이미 작가의 길을 걷고 있는 사람들의 발자취를 닮아가게 되는 것 같다. 여기 커뮤니티의 규칙 중 하나는 매일 1꼭지씩 필사하고 감상문 쓴 것을 인증하는 것이다. 혼자서 책 한 권을 필사하려고 한다면 쉽지 않을 것이다. 돈이 되는 것도 아닌데 굳이 시간을 들여 꼭 해야 하나라는 생각이 들 수 있다. 그래서 혼자서 하는 것보다는 함께 필사하고 격려해주는 커뮤니티에 속해 있다면 좀 더 꾸준히 오래 할 수 있다. 나는 필사를 갓 시작할 즈음 "책성원"을 알게 되어 참 감사하다. 뭐든지 꾸준히 오래 해야지 내 것이 된다. 아무리 필사가 좋다고 해도 혼자서 필사하라고 했으면 하다 말다 중간에 포기했을 텐데 함께 필사하고 인증하니 어떻게든 필사하려고 노력하게 된다. 또 나는 필사를 통해 작가의 삶도 꿈꾸고 있다. 아직 작가의 호칭이 어색하게 들리지만 나도 누군가에게 희망스러운 메시지를 주고 싶다고 생각하게 된 것도 필사하면서 필사의 가치를 알게 된 덕이다. 필사하다 보니 내가 느끼고 배웠던 것을 표현하는데 좀 더 용기가 생겼다.

전업주부로 살면서 가장 크게 공허함을 느낄 때는 소속감이 없다는 것이다. 가족이라는 울타리가 있지만, 그 안에서 엄마로서 해야 할 역할을 빼고 '나'에 대해 어떤 사람인지 소개하려고 하면 갑자기 작아지는 기분이 든다. 워킹맘이나 휴직하고 있는 엄마들을 보면 일할 곳이 있고, 돌아갈 곳이 있다는 점이 부럽게 느껴지기도 했다. 한편으로는 지금은 내 아이들이 어리니 아이들 위주로 신경을 쓰기로 했다. 그렇지만 아이들이 어느 정도 크고 나면 그 이후의 삶을 어떻게 살 것인지에 대해 고민도 하게 되었다. 물론 아이들을 양육하면서 느끼는 기쁨과 행복은 그 무엇과 비교할 수 없을 정도로 크다. 그렇지만 동물들도 새끼가 어느 정도 크면 곁을 떠나듯 내 아이들도 크면 클수록 엄마의 손길이 있어야 하는 비중이 줄어들 것이다. 나는 그 이후의 삶을 미리 조금씩 준비해야 한다고 생각했다. 전업주부로서 아이를 키우고 아이가 대학교 입시를 치르고 나면 '빈둥지 증후군'을 겪는 엄마들을 간접적으로 보아왔다. 갑자기 나의 모든 관심사를 아이에게서 엄마 자신으로 돌리면 뭐부터 해야 할지 난감할 것 같다는 생각이 들었다. 그래서 그런지 아이가 커서 나의 손길을 덜 필요로 할 때쯤 내 삶에 집중하는 시간이 필요하다고 생각해왔다. 그런 연습은 하루아침에 되지 않을 것이고 조금씩 틈나는 대로 나만의 시간을 가져야 나중에 온전히 나에게 집중할 수 있겠다고 생각하게 되었다. 그런 생각을 한 덕분에 인연이 닿아 나는 지금 "책성원"이라는 책 쓰기 온라인 모임에서 필사하며 책 쓰기에 대해서 배우고 있다. 그동안 여러 자기계발서를 읽었어도 내 삶을 어떻게 살아야 할지가 늘 막막했는데 필사를 통해 글을 쓰면서 나는 내 인생을 바꿀 수 있다는 희망을 품게 되었다. 책을 쓰며 인생을 바꿀 수 있다는 말에, 그리고 누구나 책을 쓸 수 있다는 말에 꼭 한번 도전해보고 싶었다. 그리고 '전업주부이지만 책 쓰는 작가예요'라는 타이틀이 갖고 싶었다. 무언가 나도 이런 사람이라는 것을 보여주고 싶었다.

'작가 되기'를 처음부터 생각하고 시작한 것은 아니었다. 그저 나 자신에게 만족하는 삶을 살아보고 싶었다. 전업주부로만 살다 보니 마음 한구석에 나는 엄마로서만이 아닌 '나'로서도 인정받고 싶었다. 나는 인정욕구가 큰 사람이라는 것을 필사하면서 알게 되었다. 필사하다 보니 점점 나 자신이 무엇을 좋아하고 싫어하는지 깊이 알게 되었다. 필사가 좋다고 해서 한번 해보기는 하는데 필사를 시작하기 전까지 과연 필사하면 뭐가 그렇게 달라질까? 라는 의구심을 품은 적도 있었다. 그래도 밑져야 본전이고 글쓰기 연습도 된다고 하니 한번 해

보자는 마음을 먹게 되었다. 남의 글을 베끼어 쓰는 필사가 얼마나 큰 변화를 줄까? 라는 생각이 컸었지만 내가 필사를 직접 한 달, 두 달 자꾸 하다 보니 내 자존감이 높아지는 걸 느낄 수 있었다. 전업주부라는 자체에 주눅이 들고 작아졌던 내가 지금은 당당하게 사람을 키워내는 큰일을 하는 직업을 가진 사람이라는 자부심이 생겼다. 그리고 필사하면서 마음속 깊이 있던 내면 아이도 치유가 되는 느낌도 들었다. 나 스스로 '나 이 정도면 괜찮은 사람인데'라는 생각이 커졌고 내가 나의 1호 팬이 되어주기로 했다. 그동안 자격지심이 컸었구나! 내가 나를 온전히 사랑하지 못했던 것에 미안함이 느껴졌다. 글쓰기로 마음을 치유하는 기분이 들었다. 나는 혼자 있는 시간을 잘 견디지 못해서 늘 허전함을 느꼈고 친한 지인과 전화 통화를 하거나 문자메시지라도 보내며 시간을 그냥 보낸 적이 많았다. 하지만 지금은 틈만 나면 필사하거나 글을 쓰면서 혼자만의 시간을 오롯이 즐길 수 있게 되었다. 점점 변화되는 나를 느끼면서 필사가 주는 힘에 대해서 생각하게 되었다. 그리고 나도 진짜 작가가 될 수 있겠다는 마음을 갖게 해주었다.

  필사하기 전 나는 나를 누군가에게 소개하려고 하면 소속감도 없고 명함도 없는 전업주부라고만 이야기하는 것이 씁쓸할 때가 있었다. 하지만 지금은 전업주부로 사는 삶이 당당하게 느껴진다. 그리고

"책성원" 커뮤니티의 소속 작가라고 자신 있게 이야기할 수 있는 내가 좋다. 비록 아직 걸음마 단계 수준의 초보 작가이지만 초보가 왕초보에게 알려준다는 느낌으로 글쓰기 왕초보들에게 조금이나마 힘을 보태주고 싶다. 필사하면 뭐가 얼마나 달라지겠어 라는 마음이었다. 하지만 필사를 통해 자가 치유를 한 기분이 들고 내 삶을 다시 돌아보게 되었다. 과거에 못 했던 것들에 연연해하지 말자는 생각이 들었다. 지금은 전업주부로 아이들 위주로 생활하고 있지만, 아이들은 금방 자라난다. 아이들은 20살만 되면 엄마보다 친구들과 사회생활에 집중하느라 나의 도움이 많이 필요하지 않게 될 날이 올 것이다. 첫째를 기준으로 20년 중 벌써 10년이 지났다. 남은 10년 동안 필사하면서 글을 쓰고 내 이름이 박힌 책 한 권을 내는 삶을 그려보니 지금 주어진 하루하루를 허투루 쓰면 안 되겠다는 생각이 든다. 전업주부로 아이들만 키우는 '경단녀'가 아닌 '작가'로서의 삶을 살아내는 나 자신을 생각한다. 필사를 하지 않았더라면 절대 꿈꾸지 못했을 것이다. 필사의 힘이 준 선물이라고 생각한다. 혹시 나처럼 전업주부라 소속감이 없어서 주눅이 들거나 마음이 공허한 사람들에게 딱 한 달, 책 한 권 필사해 보길 권한다.

긴 글쓰기의 첫걸음 자판 필사

"나는 말하기 울렁증, 글쓰기 울렁증이 있었다."

나는 어렸을 때부터 누군가 앞에서 내 목소리를 내는 것이 부끄러웠었다. 혼자 튀는 것이 아닌 많은 사람 속에 묻혀가는 것을 선호했다. 20대에 한 연구원 전시관의 큐레이터로서 일한 적이 있었다. 사람들 앞에서 전시물에 대해 하나하나 설명하고 안내하는 일이었는데 처음에는 굉장히 어설프고 떨려 했었다. 단순히 전시물의 내용만 전해주는 것으로 끝나는 것이 아니라 전시물과 전시물 이동 중에 체험도 해줘야 하고 돌발 상황에 대처도 해야 했다. 거기에 질의응답 시간에 내가 생각하지 못했던 질문이 나오면 당황하기도 했다. 초보 큐레이터 시절, 나는 종이에 시나리오를 다 적었었다. 사람들이 오면 어떻게 인사부터 할지, 오는 단체 손님들에 따라 설명을 다르게 준비하려고 했다. 초등학생들이 오는 경우 좀 더 쉬운 말로 바꿔서 설명해준다거나, 초등학생들이 재미있어할 만한 유머를 연결해 이야기하려고 했다. 그리고 나이가 있으신 어른 단체팀의 경우 좀 더 세세한 내용까지 설명하려고 했었다. 나는 나의 목소리부터 마음에 들지 않아서 목소리 톤 연습도 했다. 연습하고 실전도 겪다 보니 어느 순간 조금씩 자신감이 생기기 시작했다. 하다 보니 점점 요령이 생긴 것이다. 특히 선임의 말투와 행동을 자세히 관찰하고 저렇게 하면 좋겠다는 점은 내 것으로 따라 익히려고 노력했다. 전시설명이 끝나고 관람을 온 아이들이 정말 재미있었다고 하고 각자 기억에 남는 것을 이야기하며 즐거워하는 표정을 보면 뿌듯함을 느끼기도 했다. 이때부터 말하기에 대한 울렁증을 조금씩 극복해나갈 수 있었다. 이미 이뤄놓은 누군가를 따라 해보는 것, 즉 모방이다. 글쓰기도 마찬가지이다. 누군가의 글을 따라 써보고 내 것으로 만드는 과정. 필사가 그랬다. 무언가 잘하고 싶으면 그 분야에 먼저 앞서 있는 사람을 보고 따라 하다 보면 배우게 된다. 글쓰기 또한 마찬가지이다. 나는 필사를 통해 글쓰기를 익히고 배울 수 있다는 사실을 알게 되었다.

　　나는 말하기 울렁증뿐 아니라 글을 쓰는 것에 대한 자신감도 없었다. 글을 써 본 기억이라고는 어렸을 때 친구들끼리 우정 일기를 써 본 것, 20대에 취업을 위한 이력서 쓰기가 다였다. 결혼하고 아이를 낳고 키우면서 더욱더 글쓰기와는 거리가 먼 삶을 보내고 있었다. 하지만 글을 잘 쓰고 싶다는 생각은 늘 하고 있었다. 둘째 아이가 유치원에 다니면서 매주 금요일마다 엄마와 하는 이야기 수첩을 준다. 그 노트 왼쪽에는 아이의 유치원 생활에 관련된 이야기와 챙겨야 할 준비물이나 이벤트들이 적혀있다. 그리고 오른쪽 칸에는 주말마다 어떻게 지냈는지 아이가 특별하게 보냈거나 체험했던 일들을 쓴다. 손바닥만 한 크기의 노트이지만 처음엔 어떻게 써 내려가야 할지 선뜻 글이 써지지 않았다. 하지만 나름 패턴을 정했다. 먼저 인사말을 쓰고 둘째의 주말은 이렇게 저렇게 활동하면서 보냈다는 이야기와 혹시 아이가 주말 동안 유치원에서 있었던 일들을 이야기한 것과 관련하여 글을 썼다. 그리고 늘 행복하고 즐거운 한 주가 되시기를 바라는 인사로 마무리 지었다. 이렇게 몇 번을 하다 보니 이야기 노트 쓰는데 부담스럽지 않고 오히려 이번 주에는 어떤 이야기를 담아서 쓸지를 고민하게 되었다. 선생님과 교감하며 이야기를 쓰는 것이 재미있게 느껴졌다. 처음에는 어떻게 노트의 내용을 채울까로 고민했다면 지금은 하고 싶은 말이 많아서 쓸 종이가 모자람에 걱정한다. 약간의 틀만 정했을 뿐인데 반복적으로 꾸준히 하다 보니 재미를 느끼게 되었다. 필사도 마찬가지이다. 반복적으로 꾸준히 하다 보니 하나의 루틴으로 자리를 잡을 수 있었다.

  나는 필사를 하면서 글쓰기에 대한 울렁증도 극복해 나갈 수 있었다. 필사하면서 단지 필사만 하고 끝이 아니라 반드시 1꼭지 필사한 것에 대한 감상문을 적는데 이 과정은 내 생각을 끄집어내는 연습을 하게 해주었다. 처음에는 감상문 한 줄도 쓰기 힘들었다. 그렇지만 점점 필사하면 할수록 작가와 마음을 교감하는 기분이 들었다. 공감이 많이 되는 글에는 나도 그랬다며 고개를 끄덕이기도 하고 그 안에서 또 내가 겪었던 일화들을 떠올리며 과거에 쌓였던 묵은 감정들이 정리되는 걸 느꼈다. 남의 글을 베껴 쓰는 것은 쓸데없다고 이야기하는 말을 들었을 때 처음에는 나도 망설여지기도 했지만 내가 직접 필사해 보니 절대 쓸데없는 짓이 아니라고 당당하게 이야기할 수 있게 되었다. 점점 감상문 쓰는 글의 길이도 한 줄에서 두 세줄, 다섯 줄로 길어지기 시작했다. 한 줄 감상평도 쓰기 힘들었던 나에게 점점 글쓰기가 익숙해지고 있었다. 1꼭지 쓰는 글의 형식도 조금씩 익힐 수 있게 되었다. 그리고 말하기 실력은 글쓰기 실력과 마찬가지라는 것을 깨달았다. 내 생각이 좋고 여러 아이디어가 있어도 말로 제대로 표현하지 못하면 아무도 알아주지 않는다. 글로써 내 생각을 표현할 수 있다면 다른 사람들 앞에서 말하기도 자연스럽게 나온다는 것을 필사하면서 더욱 느끼게 되었다. 20대에 필사의 매력을 진작 알았더라면 사람들 앞에서 말하기를 더 유창하게 할 수 있었을 거라는 안타까움이 들기도 했다. 이제라도 알게 된 것을 다행으로 생각하고 필사를 놓지 않으려고 한다.

    나의 롤 모델이자 유명 인플루언서인 새벽달님이 육아하면서 중요하게 생각해야 할 것 중 하나는 아이와의 마주 이야기를 쓰는 것이라고 했다. 마주 이야기는 매일 아이와 했던 대화나 활동들을 흘려버리지 않고 기록으로 남기는 것이다. 일상에서 일어나는 상황을 사진으로 찍어두거나, 아이가 그 당시 했던 말들, 이때 아니면 듣기 힘든 유아 말투 등 아이와 대화했던 것들을 그대로 기록해 두는 것이다. 매일 기록을 남겨야 좋다고 했는데 사실 쉽지는 않았다. 어떤 때는 귀찮기도 하고 그냥 사진만 찍어두고 흘려보내는 날이 많았다. 그래도 가늘고 길게 이어갈 수 있었던 것은 이 커뮤니티에서 살아남으려면 매달 말일에 한 달 보고서를 써서 밴드에 올리고 인증해야 한다. 매달 한 달 보고서를 만들 때마다 '아이가 했던 말들, 읽었던 책들, 여러 활동에 대한 기록을 좀 더 남길걸'이라는 아쉬움으로 한 달을 마무리한다. 마주 이야기에 관련된 에피소드들은 지나고 나서 보면 흔하디흔한 일상이 좀 더 특별한 추억으로 와닿는다. 그리고 마주 이야기를 쓰게 되면서 그 순간 나의 감정들을 다시 느끼고 보통 육아와 다를 바 없는 나의 육아 생활이 색다르게 느껴지기도 한다. 많은 엄마의 육아하는 모습은 비슷할 것이다. 아이들을 먹이고 입히고 씻기고 챙기는 것만으로 엄마들은 바쁘다. 하지만 무언가 기록을 남겼을 때 돌아보면 나와 아이의 성장을 같이 돌아볼 수 있어서 뿌듯함이 느껴진다. 나는 필사를 하면서 글로 기록을 남기는 것에 대한 긍정적인 효과를 더 크게 느낄 수 있었다.

  필사를 통해 내 생각을 조금이나마 남기면 나의 감정을 돌아볼 수 있고 감정에 치우쳐서 생각했던 것들을 좀 더 객관적으로 판단해 볼 수 있는 여유가 생긴다. 1꼭지 필사를 꼬박하면 25분 정도 걸린다. 이 30분도 되지 않는 시간 동안 A4 2장 분량을 집중해서 필사하다 보면 마치 내가 글을 쓴 것 같은 느낌이 든다. 어떤 주제를 던져주고 그에 대해서 A4 2장 분량을 쓰라고 한다면 끙끙거리면서 계속 붙잡고 썼다 지우기를 반복하고 있을 것이다. 그런데 필사는 남의 글을 그대로 베끼어 쓰기만 하면 되기 때문에 전혀 부담감 없이 쓸 수가 있다. 필사하면서 긴 글쓰기가 몸에 익어진다고 했는데 맞는 말이다. 처음에는 1문단 쓰기와 서론-본론-결론 쓰기의 개념도 제대로 안 잡혀서 그냥 막 손이 가는 대로 썼었다. 하지만 필사하다 보니 이렇게 서론을 시작할 수 있고 사례들을 이렇게 접목할 수 있는지를 조금씩 알게 되었다. 글쓰기에도 공식이 있다는 것을 알게 된 것이다. 그동안 책을 읽는다고 읽어왔지만, 머릿속에 제대로 남지 않았던 것은 눈으로 휙 보고 지나갔기 때문이었다. 하지만 필사하면서 머릿속으로 내용을 생각하고 마음속에도 와닿는 구절을 새기면서 손으로 다시 한번 각인하는 작업을 하게 되니 훨씬 더 기억을 오래 할 수 있다. 그리고 필사하면서 긴 글쓰기에도 익숙해지고 있는 나 자신을 보게 된다. 그동안 말하기 글쓰기 둘 다 남 앞에서 나서길 부끄러워하는 모습이 더 컸었는데 지금은 그런 울렁증들이 많이 사라졌다.

   글을 쓰는 삶에 익숙하지 않았지만 알게 모르게 글을 써야만 하고 의식적으로 글을 쓰려고 하다 보니 글 쓰는 삶의 긍정적인 효과를 많이 느끼게 된다. 긴 글쓰기의 시작이 당장은 어려울 것이다. 그럴수록 필사를 꼭 해보기를 권한다. 나는 필사하면서 글쓰기에 대한 울렁증을 자연스럽게 극복할 수 있었기 때문이다. 필사를 하기 전 나는 '아티스트웨이'라는 책을 읽고 이 책에서 원하는 미션인 하루 3쪽씩 글쓰기를 해보려고 한 적이 있다. 하지만 3쪽은커녕 1쪽도 다 채우지 못해서 멍때리며 시간을 보내기 일쑤였다. 아무 말 대 잔치처럼 내 의식의 흐름대로 글을 쓰는 것이라고 했지만 대부분 감정적이고 자책하는 글만 쓰게 되니 진도가 나아가지 않았다. 그래서 중간에 그만두게 되었는데 필사는 그렇지 않았다. 정해져 있는 분량이 있고 1꼭지씩만 필사를 하면 되니 작은 성취감도 느껴졌다. 1꼭지씩 필사하다 보니 자연스럽게 나도 그 길이에 맞춰서 글을 쓰려고 노력하게 되었다. 필사하면서 남의 글이지만 내 생각도 남기는 감상문 쓰는 연습을 하면서 뭔가 후련하고 개운한 느낌이 들었다. 이렇게 필사하면서 긴 글쓰기에 익숙해지고 글 쓰는 삶이 주는 활력을 느낄 수 있게 되었다. 그리고 필사하면서 책을 써 볼 수 있겠다는 자신감도 얻었다. 글쓰기를 하고 싶은데 망설여지거나 자기 삶을 바꿔보고 싶은 사람이 있다면 일단 필사부터 해보라고 말해주고 싶다.

자판 필사는 생각을 정리하는 내적 필라테스다

나는 홈트 4년, 필라테스 3년 차로 꾸준히 운동해 오고 있다. 원래 운동하는 것을 좋아해서 20대에도 헬스장을 다니거나 하천 변을 따라 조깅하면서 늘 운동했었다. 하지만 아이를 낳고 육아에만 전념하다 보니 운동하러 갈 시간이 없다는 핑계 아닌 핑계로 운동을 멀리하게 되었다. 첫째가 4살 때 배드민턴을 배우러 다니기도 했지만 첫째를 늘 데리고 다녀야 했고 시간과 공간의 제약이 있어서 꾸준히 하지는 못했다. 그러다 첫째가 5살 때 처음으로 엄마와 떨어져 유치원 생활을 시작하며 오전에 겨우 나의 시간이 생겼다. 이제 본격적으로 운동해 볼까? 하던 차에 둘째를 임신하게 되어 또다시 운동은 나와 멀어졌다. 그리고 둘째를 낳고 난 후 첫째 때와는 다르게 급격히 체력이 떨어지고 기력이 없어진 것을 느꼈다. 너무 기운이 없어서 한의원에 가서 이것저것 검사를 했는데 신체 나이가 70대 몸이라는 이야기를 들었다. 정말 충격이었다. 다시 건강해지고 싶다는 생각이 강하게 들었다. 그런데 둘째는 아직 어리고 헬스장이나 어디 운동을 배우러 다닐 여유가 없었다. 게다가 둘째가 태어났을 때는 이미 코로나가 막 시작하는 시기라 외출 자체를 꺼렸던 시절이었다. 운동은 하고 싶은데 어떻게 할까 생각하던 중 홈트를 알게 되어 한 번 나도 홈트를 해볼까 하는 생각이 들었다. 홈트는 홈 트레이닝 (Home Training) 의 줄임말로 집에서 하는 운동이다. 집에서 간단한 운동기구나 자신의 체중을 이용해 운동하는 것인데 매트 준비 하나면 헬스장에서 운동하는 양 못지않게 할 수 있다. 무엇보다도 시간과 장소에 구애받을 필요가 없다는 것이 정말 큰 매력이었다. 알고 보니 유튜브에 홈트와 관련된 여러 채널이 많아서 내가 즐겁게 할 수 있는 채널을 골라 선택할 수 있었다. 건강해지고 싶다는 간절한 마음을 갖고 있었더니 나의 상황에 맞는 해결법들을 찾을 수 있었다. 나는 내 머릿속에 엉켜있는 생각들을 글로 표현하고 싶은 마음은 항상 있었다. 무언가에 마음이 있고 그것을 계속 생각하다 보면 어떤 식으로든 연결이 되어 해결 방법을 찾을 수 있는 것처럼 나는 온라인 북클럽을 통해 자판 필사를 알게 되었다. 자판 필사를 통해 글 쓰는 재미를 알게 되고 책 쓰는 작가로까지 발돋움할 수 있게 된 것이다.

홈트를 하기 전 나의 목표는 최소한의 근육 만들기였다. 어떤 영상에 나왔던 한 의사의 인터뷰가 기억에 남는다. 60대 이후의 근육 1kg이 주는 가치는 돈 천만 원 이상이라는 이야기였다. 그만큼 근육의 중요성에 대해서 강조했다. 나이가 들수록 에너지의 원천은 근육의 양으로 좌우된다는 것이다. 건강에 관심을 두다 보니 여러 SNS 매체에서 홈트로 운동을 할 수 있다는 영상들이 눈에 띄었고 특히 아이를 낳고 운동으로 다져진 사람들의 동영상에 더 관심을 두고 보게 되었다. 건강해 보이고 탄탄한 몸매를 가진 엄마들의 모습을 보면서 나도 저렇게 멋진 몸매를 만들고 싶다는 생각이 들었다. 하루 이틀 만에 마음먹은 것처럼 몸이 빨리 완벽하게 변하면 좋은데 그렇지 않기 때문에 일단 내 몸이 운동하는 루틴에 익숙해지게 만들어야 했다. 처음에는 20분 정도 가볍게 스트레칭을 하는 것으로 시작했다. 어떤 운동 유튜버의 영상을 볼까? 하다가 홈트로 유명한 한 유튜버를 알게 되었다. 재생목록을 보니 단계별, 부위별 여러 영상이 나누어져 있어서 나 같은 초보가 따라 하기에 쉽게 되어 있었다. 처음에는 20분, 30분짜리로 가볍게 시작했다. 고작 20, 30분짜리 영상을 보고 동작을 따라 하는 것이지만 따라 하는 것만으로 벅찼다. 눈으로 동작을 봤을 때 그다지 어려워 보이지 않는 동작들도 막상 해보니 쉽지 않아서 그냥 비슷하게 따라 하는 시늉만 냈다. 그렇게 한 달을 하고 두 번째 달부터는

100일 프로젝트 무료 홈트 영상이 있어서 도전해 보기로 했다. 총 50개의 영상이 있었는데 한 편당 50분에서 1시간 남짓이었다. 매일 꾸역꾸역 따라 하다 보니 50일을 다 채우고도 아쉬워서 한 번 더 같은 사이클로 운동루틴을 만들어보고자 했다. 건강한 몸으로 만들기 위한 의지가 커서 어떻게든 무슨 일이 있어도 1일 1운동 루틴을 지켰다. 가족 중 아이들이 아파 밤을 새우더라도 10분이라도 하고 운동을 했다는 것을 꼭 지키려고 했다. 곰이 마늘을 100일 동안 먹으면 사람이 된다는 옛 신화의 이야기처럼 곰이 믿음으로 버티듯이 나도 그렇게 운동을 제일 중요한 1순위로 생각하며 지키려고 노력했다. 그렇게 100일이 지나니 조금씩 기초 근육들이 생긴 것이 느껴지고 운동하는 시간 자체가 즐거워졌다. 아주 작은 기초 근육이라도 있어야 운동할 맛이 나는 것처럼 나에게 글쓰기의 기초체력을 갖게 해준 제일 기본 방법은 바로 자판 필사였다.

자판 필사를 통해서 나는 글쓰기에 대한 재미를 느낄 수 있었다. 평균 하루 30분 홈트로 기초 근력을 길렀듯이 글 쓰는 행동에 익숙해지게 만들기 위해서는 하루에 20분~30분 필사하는 시간을 꼭 가지려고 했다. 무언가 익숙하게 만들려면 매일 같은 시간에 같은 행동을 반복하면 된다는 것을 홈트를 통해서 자판 필사를 통해서도 느꼈다. 최소한의 근육이 있어야 운동의 재미를 느꼈듯이 필사도 마찬가지였다. 최소한의 글을 쓰는 힘을 기르기 위한 가장 쉬운 방법은 필사였다. 필사하면서 글을 쓰는 것에 대한 두려움이 조금씩 사라졌다. 몸에 근육이 생기면서 운동할 맛이 나듯이 필사하면서 글을 쓰는 것에 대한 재미가 생기기 시작했다. 필사하지 않았다면 이렇게 글을 쓰고 작가가 될 생각은 절대 하지 못했을 것이다. 게다가 '작가'라는 단어가 주는 편견이 있었다. 먼저 작가가 되기 위해서는 국어국문학을 전공하거나 어떤 분야에서 특출난 전문가이어야지만 '작가'라는 호칭을 쓸 수 있는 자격이 된다고 생각했었다. 책을 쓴다는 자체도 전혀 생각해 보지 못했다. 그만큼 나와는 거리가 멀게만 느꼈었다. 하지만 필사하면서 작가에 대해 갖고 있던 고정관념도 사라졌다. 마음만 먹으면 얼마든지 글을 쓸 수 있고 책을 낼 수 있다는 것이었다. 정말 새로운 기분이 들었다. 과연 내가 할 수 있을까? 라는 마음에서 '나도 한 번 해보자, 나도 할 수 있겠다.'라는 마음이 들었다. 처음 운동할 때 레깅스를 입는 것이 좀 민망스럽게 느껴지고 군살이 드러나는 몸이 부끄럽기도 했지만, 이제는 당당하게 느껴지는 것처럼 글쓰기에 대한 마음이 유연해지는 걸 느끼게 되었다. 필사하면서 마음의 근육을 단련시킨 느낌이다. 건강한 신체에 건강한 정신이 깃든다는 말처럼 운동하면서 건강한 몸을 만들고 필사하면서 건강한 마음을 만들 수 있었다.

내가 첫째를 낳고 둘째까지 낳으면서 힘들었던 것 중 하나는 입안에 하얗게 헐어서 생기는 입병이었다. 한 달 중 20일 이상 입병이 나을만하면 또 생기고 한번 나면 한두 개가 아니라 일곱, 여덟 개씩 여기저기 났다. 설마 베체트병인가 싶어서 대학병원에 가서 검사받은 적이 있다. 나는 겉으로 보기에는 멀쩡해 보였지만 입안에 난 여러 개의 입병 때문에 말하거나 음식을 먹을 때마다 신경이 쓰이고 아파서 힘들었다. 어떤 약사는 몸속에 비타민이라든지 에너지가 부족해서 그럴 수 있으니 비타민 같은 영양제를 꾸준히 먹어 보라는 이야기를 해주었다. 어떻게든 입병만 안 나면 좋겠다는 마음이 컸다. 그래서 한약도 지어 먹고 비타민C와 아르지닌이라는 몸의 활력을 주는 필수 영양소도 매일 섭취를 하기 시작했다. 눈뜨자마자 따뜻한 물과 아르지닌, 유산균을 먹어주고 자기 전에도 아르지닌 성분의 영양제 한 포, 그리고 밥을 먹을 때마다 비타민C와 B도 먹어주고 각종 종합비타민도 섭취해 주었다. 잠도 최대한 자려고 하며 6개월 동안 노력하다 보니 정말 입병이 어느 순간 사라졌다. 임신과 출산을 하고 나면 아이가 엄마의 몸속 영양분을 다 갖고 태어나 엄마는 껍데기만 남는다는 말이 진짜였었나보다. 그동안 빠져나간 영양소들이 어느 정도 채워졌다고 느꼈을 때 이제 운동을 좀 해볼까 싶은 마음이 들었다. 사람 몸에 필요한 영양분이 부족하면 몸에서 채워달라고 신호를 보낸다는 생각이 들었다. 그래서 입병이 생겼나보다 싶었다. 몸이 건강하지 못하면 채워달라고 신체에 이렇게 신호를 보내듯이 마음 건강도 마찬가지이다.

아이들이 어려서 육아에 전념하고 있지만 마음 한구석에서는 갈증이 있었다. 책을 읽어도 가시지 않는 갈증이었다. 그것은 내 마음속에 있는 생각을 끄집어내고 싶은 마음이었다. 책은 누구나 쓸 수 있다고 책 한번 써 보라는 이야기를 들었을 때 선뜻 관심이 가지 않았다. 책 3권을 필사하고 나서 책 쓰기에 대한 용기가 생겼다. 내 몸에 기본적인 영양소들이 어느 정도 채워줘야 뭐라도 움직일 힘이 생겼듯이 필사도 마찬가지였다. 책 한 권을 필사하기 전 나는 매일 하루 3줄 일기 쓰기와 아이에게 들려주고 싶은 말 한두 마디를 노트에 적으며 간단한 필사는 해왔었다. 처음부터 책 한 권을 필사하라고 하면 거부감이 들 수도 있다. 하지만 명언 필사부터 한두 구절씩 하다 보니 필사하는 것에 대한 부담도 없어져 한번 해볼까로 해서 시작한 책 한 권 필사는 한 권, 두 권 점점 늘어났다. 쓰는 일이 일상에서 당연한 루틴처럼 채워지다 보니 필사를 통해 글쓰기에 대한 기초체력을 다질 수 있게 된 것이다. 필사하면서 나는 마음 건강도 얻을 수 있었다. 나는 눈앞에 당장 해야 할 일들을 처리하기에 급급해서 사색이나 생각할 시간은 사치라고 생각했었다. 그렇지만 늘 비슷하게 돌아가는 일상에서 잠깐 멈추고 나 자신을 바라보고 사색하며 생각하는 시간이 주는 힘은 크게 느껴졌다. 그냥 멍때리며 가만히 앉아 시간만 보내는 것도 긍정적인 영향을 준다고도 한다. 그런데 필사하면서 생각하는 힘을 기를 수 있고 좀 더 구체적으로 생각을 하게 되니 나에 대해 더 잘 알게 되었다. 필사하면서 나 자신에게 물음표를 던지고 답해보는 과정들을 거치며 하루를 보낼 때와 그렇지 않을 때의 보내는 마음가짐이 달라졌다. 스스로 성장해 가는 느낌이 들었다. 내가 생각하지 않으면 남이 생각해서 만들어 놓은 대로 살게 된다는 말이 있다. 내 생각으로 살기 위해서는 나만의 생각을 말로, 글로 표현하는 방법을 연습해야 한다. 그 연습을 시작하기 가장 쉽고 좋은 방법은 필사하는 것이다.

글쓰기를 하려면 일단 내 생각을 끄집어내는 연습이 필요한데 그냥 하라고 하면 막막하다. 그리고 온종일 글쓰기에만 매달릴 수도 없다. 아이들도 돌봐야 하고 챙겨야 할 것들도 많다. 그런데 자판 필사는 분량이 정해져 있어서 그냥 시작만 하면 언제 끝날지 예측을 할 수 있다. 홈트를 할 때도 영상을 보면 영상 한 귀퉁이에 한 동작을 할 때마다 시간 카운트가 되고 몇 분이 남았는지 알 수 있어서 이것만 하면 된다는 뿌듯함을 준다. 마찬가지로 필사할 때도 하루 1꼭지만 하면 되니 가볍게 시작할 수 있다. 일단 베끼어 쓰는 것이니 내가 억지로 머리를 굴리지 않더라도 자연스럽게 글을 쓰는 느낌이 든다. 홈트에 나오는 여러 동작을 하라는 대로 따라 흉내 내다 보면 그 동작에 힘이 가는 근육을 알게 모르게 쓰게 되는 것이다. 필사는 글쓰기에 대한 기본 근육을 기르는 것이라고 할 수 있다. 필사하면서 생각 근육이 커지니 스스로 판단하고 사고하는 능력이 좋아진다. 나 또한 그동안 남이 좋다거나 남의 생각에 이끌려 다닐 때가 많았다. 하지만 필사하면서 내 생각 주머니의 근육이 단단해짐을 느끼고 무슨 일이 생겼을 때 나 자신부터 돌아보고 내 생각을 이야기할 힘이 생겼다. 건강은 건강할 때 챙겨야 더 효과가 있다고 하는 것처럼 지금 당장 살아가는데 필사가 굳이 필요하겠느냐 하는 생각이 들어도 일단 필사해 보면 '나'라는 사람이 더욱 단단해 짐을 느낄 수 있을 것이다. 삶의 비타민이 되는 필사! 많은 사람이 새해 목표 다짐 중 하나로 건강과 운동을 떠올리듯, 마음 건강을 위해 필사를 올해 새해 목표 중 하나로 시작해 보길 바란다.

필사는 나를 깨우는 커피 한 잔과 같다

사람들이 밥은 안 먹어도 커피는 마신다는 말이 나올 정도로 주변을 둘러보면 크고 작은 카페들이 참 많다. 나도 커피를 좋아하는 사람 중의 한 명이다. 커피를 마시기 전 은은한 커피 향을 코로 맡고 숨을 한숨 내쉴 때 순간의 기분이 편안해지고 좋다. 아침마다 분주하게 아이들을 학교와 유치원에 보내고 난 뒤, 쌓여 있는 설거지와 널브러진 장난감들을 잠시 외면하고 커피 한 잔을 마시며 집안일을 시작할 힘을 얻는다. 이렇게 잠시 숨을 고르고 집안일을 시작하면 어질러진 거실을 치우는 것, 설거지, 빨래를 하는 것도 덜 힘들게 느껴진다. 최근 나에게 그 커피 한 잔 같은 역할을 하는 또 하나의 숨 고를 습관이 생겼는데 그것은 필사였다. 매일 하는 집안일이지만 잠시 숨 고를 시간이 필요한 것처럼 마음의 평화를 지키기 위한 시간도 필요하다. 필사를 자판으로 타닥타닥 치는 소리가 마치 커피 향처럼 느껴진다. 필사하면서 온전히 그 순간에 집중하게 되고 그 글을 쓴 작가의 마음결을 따라가다 보면 나의 마음 또한 정돈된다. 필사를 통해 깊은 곳 헝클어진 마음이 정리된다. 필사는 단순한 반복이 아니다. 복잡한 생각과 감정들을 차분히 가라앉혀 준다. 나도 몰랐던 내 마음속 생각을 발견하게 도와준다.

"언제 시간 되면 커피 한잔해", "차 한 잔 좀 하면 좋을 텐데."라고 흔히들 인사치레로 말한다. 바쁜 와중에도 잠깐 시간을 갖자는 의미이다. "밥 한번 먹자"라는 말은 하루 중 큰 일정으로 시간을 빼두어야 할 것 같은 느낌이지만 "커피 한 잔 해"라는 말은 많은 시간 말고 잠깐 숨돌릴 수 있을 만큼의 시간으로 느껴져서 이 정도 시간은 낼 수 있을 것 같은 가벼움이 느껴진다. 특히 일요일 오후 3시는 특별한 계획이 없다면 어디 나들이를 가기에는 애매하고 집에만 있자니 좀 답답한 시간대이다. 하루는 친한 언니와 통화를 하다가 '커피 한잔할까?'라는 말에 아이들을 데리고 집 근처 가까운 카페에서 만나기로 했다. 아이들이 뛰놀 수 있는 야외 카페여서 바람도 쐬며 편하게 이야기를 나누었다. 한 시간 남짓 짧게 만났지만 이렇게 가볍게 차 마시는 시간을 갖는 것만으로도 힐링이 되었다. 즉흥적으로 약속을 정하더라도 가볍게 차 한 잔 정도의 시간을 내는 건 부담스럽지 않다. 하루 하루 살아가면서 해야 한다고 생각하는 일만 하며 보내기엔 벅차다. 그래서인지 출근길에 커피를 들고 출근하는 사람들, 점심 먹고 오후 일을 시작하기 전 커피를 마시는 사람들이 많다. 나 또한 티 타임이 꼭 필요했다. 이렇게 가벼운 티 타임만으로도 기분 전환이 되어 다음 해야 할 일들을 잘할 수 있다.

이런 가벼운 티 타임보다 더 적은 시간으로 인생을 바꿀 수 있다면 어떨까? 인생이 달라질 수 있겠다고 생각할 수 있었던 건 바로 하루 30분 필사 덕분이었다. 필사를 하기 전 필사하면 시간 낭비가 아닐지 하는 생각이 먼저 들었었다. 하지만 필사는 나를 성장하게 해주었다.

첫째, 생각하는 힘을 기를 수 있다. 필사하고 감상문도 같이 써야 하는데 처음에는 한 줄 적기도 힘들었다. 하지만 점점 내 생각을 쓰다 보니 나의 사고가 확장되는 것을 느꼈다. 평소에 어떤 이야기를 듣거 나 책을 읽으면 곧이곧대로 받아들였는데 지금은 한 번 더 생각하며 나만의 언어로 머릿속에 새겨본다.

둘째, 하루를 더 긍정적으로 보며 살게 된다. 필사하고 감상문을 쓰 다 보면 나의 일상에 관련된 일들을 적게 되는데 기록으로 남길 때 최 대한 좋은 추억으로 남기고 싶어서 그날 하루를 돌아보며 긍정적으로 마무리하려고 한다. 같은 상황이라도 긍정적인 해석을 통해 감정이 다르게 기억될 수 있다는 것을 느꼈다.

셋째, 작가라는 꿈을 갖게 해주었다. 결혼하고 아이를 낳으면서 자연스럽게 '경단녀'(경력 단절 여성)이 되어서 자존감이 낮아졌지만, 필사를 통해서 자존감도 높아지고 '작가'라는 새로운 꿈을 꿀 수 있게 되었다. 이렇게 필사하면서 나는 '내면 성장'이 무엇인지 느낄 수 있었다. 그저 남의 글을 베껴 쓰고 감상문 몇 줄을 적는 연습을 했을 뿐인데 필사가 가져다주는 긍정적인 효과는 생각보다 컸다.

예전에 세차는 전문가에게 맡기고 그 시간에 운동하거나 혼자 카페에서 있는 시간이 좋다고 했던 한 엄마가 있었다. 그때만 해도 돈 아깝게 세차를 맡겨야 하나? 어차피 차는 아이들이 타면 금방 더러워질 텐데 대충 차 외부만 깨끗하게 청소하면 된다는 마음이 있었다. 그래서 웬만하면 나는 직접 세차를 할 수 있는 셀프세차장을 이용했다. 나만 조금 힘들이면 그럭저럭 차가 깨끗해진다. 아이들을 주로 태우는 내 차에는 늘 과자 부스러기와 각종 사탕 봉지가 늘 너저분하게 있어서 손 세차를 맡길 생각은 해보지 못했다. 어느 날 셀프세차를 하러 가는 길 근처에 손 세차 전문 센터들이 있는 것을 보게 되었다. 그날따라 감기 기운 때문인지 몸이 매우 피곤하다고 느꼈었다. 몸이 좀 힘든데 세차할 것인가, 말 것인가 고민하던 찰나에 나도 한번 세차를 맡겨볼까? 하는 생각이 들었다. 일단 들어가서 기본 세차비용이 얼마인지 물었다. 비싸다면 비싼 가격이지만 지금 내가 세차할 컨디션은 아니고 세차는 꼭 하고 싶고 이번만 한번 해보자며 세차를 맡길 이유를 생각했다. 그리고 차를 맡기고 한 시간 후에 오라는 말에 근처에서 기다리고 있을 만한 카페를 둘러보았다. 바로 옆 건물에 사장님이 혼자 운영하는 아늑하고 조용해 보이는 카페가 보였다. 들어서는 순간 향긋한 커피 향이 나를 편안하게 만들어 주었다. 커피 한 잔을 시키며 흘러나오는 음악을 듣는데, 뭔가 기분이 좋았다. 아무것도 하지 않고 창밖 풍경을 바라보는데 문득 '이렇게 아이들 없이 나를 위해서 혼자 카페에서 커피를 마셔보는 일이 처음이네.'라는 생각이 들었다. 그래서 그런지 참 신선하게 느껴졌다. 이때 깨달았다. 나는 왜 나를 위해 커피 한 잔의 여유조차 가질 생각을 못 했을까? 나는 필사를 하면서 이런 생각이 더 크게 들었다. 일부러 나를 위해 시간을 갖고 나면 내면에 긍정에너지가 생겨나는 걸 깨달았다. 그래서 어떻게든 필사하는 시간을 만들기 위해 노력했다. 나는 나로서 있을 때 제일 행복하다는 말을 떠올리며 나 자신에게 집중하게 되었다. 정재승의 〈열두 발자국〉에 '인간은 인생을 다시 살고 싶은 욕망이 있다.'라는 말이 생각이 났다. 그것을 바꾸기 위해서는 내 생각과 행동을 바꿔야 한다는 것인데 결국 습관을 어떻게 갖느냐에 따라 삶을 대하는 태도가 바뀐다는 것이었다. 아이들이 어리기 때문에 아직 엄마로서 해야 할 역할 비중이 크다. 그동안 삶을 대하는 태도에 있어서 하루가 빨리빨리 지나가기를 기다렸다면 지금은 하루를 보낼 때 다시 오지 않을 소중한 하루라고 여기며 보내려고 한다. 그렇게 하다 보니 주어진 하루가 너무 짧게 느껴지고 더없이 소중하게 느껴지게 되었다. 필사하지 않았다면 이런 시간의 소중함이나 평범한 하루를 행복하다고 느끼지 못했을 것이다. 필사는 이렇게 강제로 '자아 성찰'의 시간을 갖게 해주었다.

나를 깨우는 한잔의 커피처럼 필사의 시간은 꼭 필요하다. 필사를 20대에 알았더라면 조금 더 인생이 바뀌지 않았을까? 하는 안타까움이 있지만 지금이라도 알았으니 천만다행이다 싶다. 40을 바라보는 나의 인생은 크게 결혼과 아이를 낳기 전과 후로 나뉘고 필사를 하기 전과 필사를 시작한 후로 나눌 수 있을 것 같다. 20대에는 주변에서 하는 말에 영향을 많이 받았다. 오징어잡이의 배에는 아주 밝은 전구를 달아두어서 오징어들이 그 빛을 보고 모이게 만든다고 한다. 그 빛이 무엇인지도 모르고 따라가는 오징어들을 보고 같이 따라가는 오징어처럼 20대에는 무언가 선택을 하는 데 있어서 주변에서 조언을 구해 결정을 내리는 경우가 많았다. 물론 자기가 원하는 목표와 방향이 확실한 사람의 경우 일찌감치 그 방향대로 원하는 인생을 살고 있을 것이다. 하지만 대부분은 다수가 옳다고 생각하는 방향으로 선택하는 것이 안정적이라고 여기며 그렇게 따른다. 나 또한 남들에게 보이는 부분에 신경을 많이 썼고 남들이 안정적이라고 하는 방향으로 걸어왔다. 하지만 나는 필사를 하면서 빛을 따라가는 오징어가 아니라 빛을 만들어 내는 사람이 될 수 있겠다는 생각이 든다. 필사하면서 조금씩 내면이 단단해져 가는 것을 느낀다. 어떤 일이 다가와도 유연하게 대처하게 되는 마음가짐으로 바뀌게 된 것이다. 이것은 필사를 통해 마음 근육을 단련시켜 온 덕분이기도 하다. 일하다가도 중간에 커피 한 잔의 여유는 꼭 가지려고 하는 것처럼 하루 중 필사하는 시간을 꼭 가져보기를 바란다. 필사를 통해서 하기 전과 후의 달라진 내면을 느낄 수 있을 것이다.

새벽 필사가 좋은 이유

　3년 넘게 하는 새벽 루틴 중 처음 하는 것은 365일 명언 일력을 보면서 그날의 명언을 따라 말해 보며 물을 한 잔 마시는 것이다. 내가 속해 있는 한 온라인 커뮤니티의 엄마들은 대부분 새벽 기상을 한다. 그리고 그 새벽 기상 인증사진을 단톡방에 올린다. 커피 한잔을 내린 모습, 그 전날 아이와의 활동사진, 읽고 있는 책, 성경 필사 등등 각자 새벽마다 하는 루틴들을 올린다. 나는 지금 네 번째 365 일력인 다짐하는 미술 일력과 쇼펜하우어 아포리즘 365 명언 일력을 보는 것을 아침 인증으로 올리고 있다. 이렇게 본격적인 새벽 루틴을 시작하게 된 계기는 3년 전 김미경의 '모닝 쨱쨱'이라는 프로젝트에 참여하면서부터이다. '모닝 쨱쨱' 프로젝트는 김미경 님이 새벽 5시에 30분 정도 짧은 강의를 하고 나머지 30분은 각자가 정한 모닝 루틴을 시작하는 거였다. 그날의 강의는 그 새벽 5시에 듣지 못하면 바로 없어지는 것이었기에 꼭 듣기 위해서라도 어떻게든 일어나려고 했다. 어떤 날은 꾸벅꾸벅 나도 모르게 졸기도 하고 5시 전에 일어나지 못해서 강의를 듣지 못한 날도 있었다. 온라인이었지만 많은 동기부여를 받을 수 있어서 열심히 해보고자 하는 마음에 나의 아침 루틴으로 잡아갈 수 있었다. 나의 아침 루틴 첫 번째는 먼저 정수기에서 물을 내려받는 동안 그날의 명언 일력을 보며 하루 시작했음을 단톡방에 인증사진으로 올리는 것이었다. 그런 다음 바로 김미경의 모닝 강의를 듣고 집에서 하는 운동을 한다는 루틴을 만들었다. 이렇게 일 년 가까이 루틴을 이어갔고 이듬해부터 모닝 짹짹 프로젝트가 없어져도 혼자 그 시간에 독서하거나 영어 공부를 하는 등 다른 루틴으로 채워서 이어갔다. 그리고 독서클럽을 통해 필사를 알게 되어 필사라는 루틴을 더할 수 있었다. 이렇게 루틴에 루틴을 더하는 방법으로 쉽게 필사를 시작할 수 있었다. 처음부터 새벽에 일어나 필사부터 시작했더라면 과연 지킬 수 있었을지 하는 생각이 든다. 하지만 이미 새벽에 무언가를 하는 기쁨을 맛봤기 때문에 새벽 필사를 어렵지 않게 할 수 있었다. 새벽에 무언가를 하는 것이 훨씬 효율적이고 더 집중이 잘 되는 것을 느꼈다. 그래서 어떻게든 새벽에 일어나는 것처럼 필사의 긍정적인 효과를 느끼고 있어서 더욱더 필사하는 시간을 확보하려고 한다.

"새벽에 쓸데없이 웬 필사야?", "그런 거 해서 뭐 하게? 시간 낭비 아니야?", "그 시간에 그냥 푹 잠이나 자"라는 이야기를 듣는다. 하지만 나는 새벽 시간만큼은 내가 절대 포기할 수 없는 시간이다. 아이들이 나를 찾지 않는 유일한 시간이기 때문에 필사적으로 새벽 시간에 나의 시간을 가질 수밖에 없었다. 아이들이 학교에 가고 유치원에 간 시간에는 집안일도 해야 하고 간식거리와 먹을거리를 준비하느라 집중을 할 수 없다. 그래서 나에게 혼자만의 시간을 갖는 새벽은 아주 달콤한 시간으로 느껴진다. 본격적인 새벽 기상을 시작하려던 때는 둘째가 돌이 지나고 어느 정도 혼자 통잠을 자면서 할 수 있었다. 처음에는 무엇을 해야 할지 몰랐다. 할 수 있는 것은 책을 읽거나 영어 공부하기, 운동 정도로 생각했다. 독서, 영어 공부, 운동 이렇게 3개를 하기로 마음은 먹었지만 사실 다 지키는 것은 쉽지 않았다. 책을 읽다가 졸기도 하고 영어 공부한다고 EBS 영어 방송을 들으며 스트레칭을 한다고 누워있다가 잠이 들기도 했다. 어느 날은 인스타그램이나 유튜브를 보다가 시간이 훌쩍 지나서 서둘러 아침 준비하기에 바쁘기도 했다. 혼자 모닝 글쓰기를 한다고 하다가 멍때리며 그냥 시간을 보내기도 허다했다. 그래도 새벽에 일어나서 혼자만의 시간을 갖는 것이 좋았다. 그러다 일주일에 한 번씩 새벽 6시에 온라인 북클럽 줌 모임도 하면서 '필사'를 알게 되었다. 필사를 새벽 루틴 중 하나로 넣게 되면서 새벽 시간을 좀 더 알차게 보낼 수 있게 되었다. 그동안 새벽에 일어나긴 했지만 만족하지 못한 채 보내는 날도 많았다. 필사는 일단 정해진 1꼭지를 필사하고 감상문을 남기는 것이다. 필사하는 시간 자체는 대략 20~25분 정도 걸린다. 그리고 서너 문장의 감상문까지 적고 나면 30분 정도 남짓 걸린다. 정해진 분량과 시간이 있어서 그 시간을 꼭 확보해야 하는데 시간을 정해놓고 해야 한다. 매일 정해진 시간에 할 수 있는 시간대는 새벽 시간이 제일 적합했다. 아침을 준비하는 시간 전에는 무조건 해야 해서 그 전에 딴 짓을 할 수가 없었다. 필사는 일부러 시간을 만들어야 할 수 있다. 새벽에 못 하는 날에 오전이나 오후 중 아이들이 학교와 유치원에 가 있는 시간에 얼른 시간을 내서 해야지 한 적도 있지만 필사하다가 전화가 와서 흐름이 끊기거나 괜히 입이 심심해져 간식을 먹다가 필사하는 시간이 늘어진다. 새벽에 하는 30분 시간보다 두 배 이상인 한 시간 넘게 걸릴 때도 있었다. 이상하게 새벽에 할 때는 필사에 집중하기가 쉬운데, 낮에 하게 되면 꼭 중간중간 울리는 메시지 알림이라든지 휴대전화를 잠시라도 보게 되면 한눈을 팔게 된다. 이렇게 필사의 흐름이 끊기게 되어 대충대충 하게 된다. 하지만 새벽 시간에 필사할 때는 그나마 방해 요소가 적기 때문에 온전히 작가의 메시지에 집중하며 필사할 수가 있다. 그래서 되도록 새벽 시간에 필사하는 것을 추천한다.

나는 현재 4년째 온라인 학습인 '낭독스쿨'에서 영어를 공부하고 있다. '낭독스쿨'은 영어 공부를 혼자서 할 수 있게 도와주는 온라인 영어학습커뮤니티이다. 두 분의 선생님이 단톡방을 운영하며 발음 가이드와 음원들, 다양한 자료를 제공해 주고 인스타에 숙제한 것을 올리면 숙제 완료가 되는 방식이다. 단톡방에서는 실시간 질의응답을 통해서 학습 고민을 해결한다. 인스타에 숙제 미션을 올리고 스터디원들의 명단이 있는 엑셀 출석부에 미션 완료를 체크 하면 된다. 그리고 마지막 스터디 종료 일주일 전 줌으로 쫑파티를 하고 인증을 다 완료한 사람에게는 이메일로 완주상장을 보내준다. 3개월 혹은 6개월씩 기간이 다른 여러 과정이 있다. 이 영어 공부는 자발적으로 하는 것이고 엄격하게 관리를 하는 것이 아니기에 자꾸만 인증하는 것을 미루면 결국 왕창 밀리고 미션을 완성하지 못해서 미 완주자로 남는다. 나 또한 4년 동안 낭독 스쿨에서 여러 가지 과정을 들었었지만, 끝까지 완주한 과정은 부끄럽게도 딱 2개의 과정 정도다. 그중 성공한 과정 중 하나는 '자기소개 과정'이라고 해서 자신의 이야기를 영어로 바꿔주는 것이었다. 최근 유일하게 끝까지 완주할 수 있었던 이유를 생각해 보면 두 가지가 있었다. 첫 번째는 샘플 음원과 글이 있었는데 이를 바탕으로 나의 이야기를 만드는데 수월했다. 두 번째로는 인증하는 기한을 만들어 지키려고 했기 때문이다. 샘플이 있어서 비슷하게나마 형식을 맞추어 만들 수 있었다. 그리고 밀리더라도 어떻게든 일주일 안에 인증은 하려고 했다.

　필사도 누가 시켜서 하는 것이 아니고 자발적으로 하는 것이기에 나만의 데드라인이 필요했다. 당일 일어나서 내가 듣는 EBS 영어교육 방송이 시작하기 6시 20분 전까지는 필사를 끝내기로 마음을 먹었다. 이렇게 필사를 나의 아침 시작 루틴 중 하나의 일과로 자리를 잡았기에 이렇게 책 쓰기 도전도 할 수 있게 되었다. 새벽에 일어나자마자 필사하면 좋은 점들이 여러 가지가 있는데 그중 하나는 명상하는 효과이다. 명상은 나의 감정을 있는 그대로 바라볼 수 있는 마음의 힘을 길러주기 때문에 명상을 하는 사람들이 많다. 그런데 명상한다고 가만히 있다가 멍때리거나 그냥 흐지부지 시간을 보내기 쉽다. 하지만 필사하면 작가의 메시지에 깊이 집중할 수 있고 나 자신과의 대화 시간을 가지며 내 마음 상태를 알아차릴 수 있어서 여러 불안감을 조절할 수가 있다. 실제 뇌과학 연구에 따르면 명상은 의사결정과 계획, 사회적 행동과 같은 감정조절을 담당하는 전두엽이 활성화 된다고 했다. 나 또한 필사하면서 좀 더 이성적으로 판단을 내리려고 노력하게 되고 내 감정을 좀 더 긍정적으로 바라볼 수 있게 되었다. 또 새벽 시간이라는 데드라인은 어떻게든 필사하게 만드는 강력한 루틴이 된다. 필사하는 것이 꼭 '해야 하는 일'이 아니기에 자꾸만 뒤로 미뤄지기에 십상이다. 하지만 하고 싶은 일이 아닌 꼭 해야 하는 일로 마음을 바꾸어 먹고 새벽 시간에 필사하다 보면 성취감도 느껴지고 무엇보다 나 자신이 괜찮은 사람이라는 자신감이 들게 한다.

"시간 없어"라는 말은 한 번쯤 다들 하고 산다. 반면에 "시간이 널럴해"라는 말을 하는 사람은 거의 없다. 그만큼 나름대로 신경 쓰는 것이 있고 바빠서 시간이 없다고 말한다. 그리고 계획을 세우더라도 '해야 할 일들'에 집중하느라 '하고 싶은 일들'은 밀려나는 일도 있다. 급한 일도 아니고 아직 덜 중요하기 때문에 자꾸 우선순위에서 밀리는 것이다. 지금 당장 해도 그만, 안 해도 그만이기 때문에 행동하기까지 시간이 걸린다. 내가 필사를 시작하게 된 계기는 나 스스로 더 크게 성장해 나가고 싶은 욕구가 컸다. 아이들이 학교와 유치원에 가 있는 시간 동안 '자유부인이다', '놀아서 좋겠다.'라는 말이 불편했다. 아이들이 오전에 잠깐 없다고 해도 그 시간에 빨래, 청소, 장보고 아이들 먹거리를 준비하느라 쉬는 것도 아니었다. 당장 눈앞에 돈을 벌지 않을 뿐이었지 몸은 계속 움직이고 있었다. 그러다 이런 생각이 들었다. 아이들이 어느 정도 크면 나도 나만의 일을 찾아야 할 텐데 무엇을 해야 할지 고민하기 시작했다. 무언가 변화를 위해서는 강력한 새로운 루틴이 필요했다. '백수가 외로운 것은 직업이 없어서가 아니라 루틴이 없어서이다'라는 말이 머릿속을 맴돌았다. 강력한 루틴을 만드는 방법은 바로 시간을 확보하는 것인데 그 시간은 새벽 시간밖에 없었다. 새벽 필사가 좋은 이유는 습관을 만들기 좋기 때문이다.

반복만이 변화를 일으킨다고 했다. 최소한의 방해가 없는 시간대는 그나마 새벽 시간이기 때문에 새벽 시간을 잘 활용해야겠다는 생각이 들었다. '생각이 바뀌면 행동이 바뀌고 행동이 바뀌면 습관이 바뀌고 습관이 바뀌면 운명이 바뀐다.'라는 유명한 명언이 있듯이 새벽 필사를 통해 나는 좀 더 단단해지는 나를 느끼게 되고 이렇게 책을 쓰게 되었다. 무엇을 해야 할지 모르겠고 고민이 된다면 우선 필사를 해보라고 권하고 싶다. 필사를 통해 나 자신을 마주하며 진정으로 원하는 것을 찾는 데 도움이 될 것이다.

자판 필사, 책 쓰기 꿈을 이루는 비법이다

나는 아이들 먹거리에 꽤 신경을 많이 쓰는 편이다. 요즘 들어 첫째 아이가 인스턴트 음식을 많이 찾는다. 점점 갈수록 스파게티, 피자, 치킨, 라면 같은 음식들을 달라고 한다. 그렇지만 이런 인스턴트 음식만은 줄 수 없어서 항상 건강한 식단도 같이 준비해서 먹이려고 한다. 방학에는 아침, 점심, 저녁을 집에서 먹는데 되도록 점심때는 아이가 원하는 것을 해주려고 한다. 그러면서 내가 주고 싶은 음식도 같이 준비해 준다.

예를 들어서 짜파게티가 먹고 싶다는 아이에게 일단 짜파게티와 내가 먹이고 싶은 소고기 마파두부 덮밥을 준비해서 같이 먹으라고 한다. 아이가 먹고 싶은 것 한입, 엄마가 먹이고 싶은 음식 한 번씩 번

갈아 먹으라고 하면 아이는 먹는다. 이렇게라도 건강한 음식을 더 먹이고 싶다. 눈에 당장 보이는 건 맛있는 인스턴트 음식이고 입맛에 더 당길 수밖에 없을 것이다. 그렇다고 계속 인스턴트 음식만 먹일 순 없으니 건강한 식단의 음식도 같이 먹게 하는 수밖에 없다. 어떻게 해서든 건강한 식단도 꼭 챙겨야 하는 것처럼 정신건강을 위해서 꼭 챙겨야 할 것은 바로 필사이다. 필사하고 하루를 시작하면 마음이 정돈된 기분이다. 스마트폰 하나만 있으면 다른 사람의 SNS를 구경한다거나, 뉴스거리를 읽는다든지, 드라마를 본다든지 스마트폰으로 시간을 보낼 일이 많다. 이렇게 그냥 흘려보내는 시간 딱 30분만 빼서 필사하면 건강한 식단으로 몸이 건강을 유지할 수 있는 것처럼 마음의 건강도 같이 챙길 수 있다. 필사하면서 나는 그동안 뭘 해도 만족스럽지 못했던 나 자신에게 너그러워짐을 느낀다. 삶을 긍정적으로 바라보는 시각이 어떤 것인지 느끼게 되었다. 긍정적인 마음과 감사하는 마음도 밖으로 그런 표현을 해야 내 것이 된다는 것을 알게 되었다. 뭐든지 저절로 되는 건 없다. 누구나 무언가 얻기 위해 노력하며 살아가지만, 노력에 비해 결과가 형편없게 나올 때도 있고 실망할 때도 있다. 하지만 필사는 하면 할수록 긍정적인 효과만 복리처럼 쌓여간다.

"네 꿈은 뭐야? 커서 뭐가 되고 싶어?" 라는 질문은 많이 들어봤을 것이다. 그런데 이 질문에 대한 대부분은 '직업'과 관련된 것으로 대답한다. 의사, 경찰관, 소방관, 가수, 등등 알만한 직업군과 관련된 것이 대부분일 것이다. 나도 초등학생 때까지는 꿈이 뭐냐고 물으면 화가라고 적었었다. 꿈이 뭐냐고 물으면 꼭 어떤 직업을 이야기해야만 할 것 같았다. 중, 고등학생이 되어 진로를 정할 때도 직업을 정해놓고 그에 맞춰 준비했다. 그렇게 특정 직업을 정해놓고 진로를 정하다보니 직업을 갖는 데 필요한 요건들을 채우기에 급급했었다. 대부분 직업과 관련된 요구 조건들을 채워 빨리 사회에 진출하는 것이 성공이라고 여겼다. 나도 직업을 생각하기 이전에 어떤 사람이 되어야 하는지 깊이 생각하지 않았다. 그래서인지 여러 가지 어려운 상황들이 닥쳤을 때 쉽게 마음이 무너지기도 했었다. 그저 사회에서 평균적으로 이 나이에는 이렇게 해야 한다는 관념에 따라 결정하며 살아왔다. 게다가 아이들을 육아하면서 나 자신이 어떤 사람이 되어야겠다는 마음의 여유조차 없었다. 나는 최근에 세계적으로 유명 인사들의 성장배경과 연설문을 공부하며 어떤 사람이 되겠다는 목적의식을 갖고 살아야 자신에게 주어진 인생을 좀 더 즐기며 살 수 있다는 것을 깨달았다. 스티브 잡스, 빌 게이츠, 마크 저커버그 등 이런 유명인들의 공통점은 인생의 목적의식이 있었다. 즉 그 사람만의 철학이 있었다. 마이크로소프트 회사에서 마크 저커버그에게 페이스북을 사려고 했을 때 마크 저커버그는 "저는 세상을 변화시키는 것을 만들어 내기 위해 이 일을 하는 것이지, 거액에 팔려고 하는 게 아닙니다."라고 거절했다고 한다. 마크 저커버그가 페이스북을 당장 눈앞의 이익을 위해 팔았더라면 페이스북이 '메타'라는 회사로 더 확장되고 발전할 수는 없었을 것이다. 그만큼 마크 저커버그는 많은 사람이 온라인으로 연결될 수 있다는 목적의식을 가졌기 때문에 성장할 수 있었다. 나는 필사를 하는 중에 이런 이야기를 들으니 더 많이 와닿았다. 필사하며 다른 사람의 정돈된 메시지를 통해 나의 현재 상태를 알아차리고 더 나아가 나의 경험도 누군가에게 도움이 되면 좋겠다는 마음이 들었다. 필사하지 않았더라면 유명한 사람들의 말들을 한 귀로 듣고 그냥 흘려버렸을 텐데 요즘은 새롭게 와닿는다. 많은 직업이 사라지고 새롭게 생기는 시대이다. 요즘 시대가 변하는 속도는 무서울 정도로 빠르게 변하고 있다. 이렇게 빠르게 변화하는 시대에 중심을 잃지 않고 나 자신으로서 살아가려면 나의 정신력을 단련시켜 줘야 한다. 나에 대한 알아차림의 시간을 갖고 매일 쉽고 간단히 단련해 나갈 수 있는 가장 효과적인 방법은 필사하는 것이다.

아이들을 다 키워놓은 많은 사람에게 아이를 교육할 때 제일 중요한 것이 뭐냐고 물으면 많이 강조하는 것은 독서와 글쓰기다. 교육의 유행이 바뀌어도 전 세계 어디를 가도 바뀌지 않는 본질적인 공부 방법은 독서와 글쓰기라고 했다. 나도 독서와 글쓰기가 중요하다는 것을 알고 아이에게도 강조하고 있지만 아이는 독서와 글쓰기를 하라고 하면 미루고 귀찮아한다. 첫째에게 초등학생들이 좋아하는 글쓰기 쉬운 소재들을 다룬 책을 사서 글을 한 편 쓰자고 시도해 봤다. 하지만 그 내용과 관련해서 '재미없다'와 '재미있다'라는 식의 단답형으로 쓰거나 자신의 느낌을 쓰기 어려워했다. 문득 아이에게도 필사의 재미를 알게 해주고 싶다는 생각이 들었다. 요즘은 아이를 위한 필사 일력도 잘 나와 있다. 하루에 그 단어와 관련된 좋은 글귀가 있는 필사 일력을 사서 매일 필사를 시키고 있다. 아이도 자기 생각을 바로 쓰라고 하면 귀찮아했는데 필사는 베끼어 쓰는 것이라 쉽다면서 기꺼이 한다. 아이가 학교에 갔다 와서 간식을 먹고 유튜브를 보기 전 필사를 하는 루틴을 만들어 주었다. 물론 매일 지키기는 어렵지만 어떤 주제를 주고 글쓰기를 시킬 때보다 필사는 어렵지 않다고 생각하는지 생각했던 것보다 순순히 따라주고 있다. 필사의 내용을 다 기억하지는 못하겠지만 이렇게 글쓰기의 기초체력이 다져지길 바란다. 어른도 아이도 내 생각을 쓰라고 하면 어려워하지만, 필사는 남의 글을 베끼어 쓰기만 하는 것이니 쉽게 생각한다. 이렇게 쉽게 필사하다 보면 언젠가 자기 생각을 한 줄로만 쓰고 마는 것이 아니라 몇 줄이라도 자기 생각을 글로 편안하게 쓸 날이 올 것이라고 믿는다.

미래에 대한 두려움을 극복하기 위한 가장 좋은 방법은 글을 쓰는 것이다. 필사하면서 나는 내가 가진 능력을 발휘해서 같이 성장해 나가고 도움이 되는 일을 하고 싶다는 생각이 들었다. 이런 생각을 하던 중 북클럽의 리더 소개로 글쓰기 모임인 〈책 성원〉에 참여할 수 있게 되었고 감사하게도 이렇게 책 쓰기까지 도전하게 되었다. 나는 처음부터 작가를 꿈꾸며 필사를 시작한 것은 아니었다. 그저 무언가 꿈을 찾고 싶었고 무언가 이뤄보고 싶은데 뭘 해야 할지 잘 몰랐다. 그런데 필사하다 보니 글을 쓰는 재미를 느끼게 되었고 나처럼 육아만 하다가 자신을 잃어버리고 방황하고 있는 엄마들에게 희망과 용기를 주고 싶다는 생각이 들었다. 그리고 나의 이야기를 써 보고 싶은 생각이 들었고 책 쓰기에 도전하며 작가의 꿈을 꾸게 되었다. 필사하며 책 쓰기를 시작하면서 마음가짐이 많이 달라졌다. 책 쓰기에 도전하면서 나를 되돌아보게 되고 내가 진짜 어떤 사람인지 오롯이 바라보고 과거의 나도 돌아보며 자가 치유가 되는 기분이었다.

이렇게 자판 필사는 책 쓰기에 대한 꿈을 갖게 해준 첫 단추였다. 별것 아닌 것 같은 자판 필사를 통해서 나는 지금 이렇게 책 쓰기를 하며 작가의 꿈을 키워가고 있다. 자판 필사를 하기 전 명확한 목표가 없이 답답하기만 했었다. 시간적 정신적 여유가 없었다. 그런데 필사하면서 평범하기 그지없다고 느끼는 내 삶을 다시 재해석해 보게 되었다. 인생에서 어떠한 사건이 일어났을 때 그 사건을 어떻게 해석하느냐에 따라 의미가 달라진다고 했다. 그 사건을 재해석하는 능력이 창조적인 인생으로 바꾸어 준다고 한다. 그렇게 필사는 내 인생에 큰 바람을 일으켰다. 그동안 사회에서 요구하는 대로 왜 그래야 하는지 모르지만, 남들 다하니까 따라 하는 것이 컸었다. 하지만 지금은 내가 추구하는 수많은 욕망과 목표들이 진짜 내가 원하는 것인지 다시 한 번 생각해 보게 된다. 필사와 책 쓰기를 하면서 진짜 변화되는 나 자신을 느낀다. 당장 현실 상황을 바꾸지는 못하겠지만 주어진 상황을 긍정적으로 재해석해 내는 능력이 생긴 것 같다. 내 생각들이 변화하면서 이렇게 책 쓰기에 도전하고 작가로서의 꿈을 실현하고 있다. 지금까지 지내던 삶을 바꾸고 싶고 변화가 필요하다고 느끼고 있다면 당장 필사부터 시작해 보기를 바란다. 필사하면서 책 쓰기에 대한 꿈도 자연스럽게 따라올 것이다.

03

박경운

-

어싱이나 필사나 중요한 것은 꾸준함!!

어싱하고 필사하는 긍정폴입니다

한때, '본캐', '부캐'가 유행하던 시기가 있었다. 온라인 게임에서 시작되었지만, 통상 본캐는 본업, 부캐는 본업 외 다른 활동이나 업을 칭할 때 사용하기도 한다. 닉네임 역시 이름이 아닌 다른 정체성을 가진 부캐로 볼 수 있다. 나는 현직 경찰공무원으로 32년 차 근무하고 있다. 닉네임은 '긍정 폴'이다. 긍정과 폴리스의 앞 글자를 따서 만들었다. '긍정 폴'이라는 부캐를 가지고 살아온 지 벌써 10년이 되었다. 젊은 시절과 달리 내가 긍정적인 경찰 '긍정폴'로 살아가고 있다. 지금도 가끔 깜짝깜짝 놀란다. '긍정폴' 삶 이전에 인생에 아주 큰 고비를 넘긴 일이 있다. 경찰공무원 생활을 시작한 지 10여 년이 지났을 때, 아주 깊은 정신적 절망을 경험했다. 자살 직전까지 다녀온 자살생

존자이기도 하다. 그 당시 에너지가 완전히 고갈된 상태에서 극심한 불면증에 시달렸다. 하루하루가 생지옥 같은 나날이었다.

깊은 정신적 절망의 늪에 빠져있던 상태에서 마지막까지 희망의 끈은 놓지 않았다. 운동과 명상 그리고 간절한 기도를 통해 버틸 수 있었다. 힘들었던 순간 포기하지 않았고, 주변의 관심과 사랑이 더해져 극복할 수 있었다. 그 시기를 넘어서면서 세상을 보는 시각이 많이 달라졌다. 긍정적 사고에 관심을 가지기 시작했다. 긍정적 삶을 한가지씩 실천해 나가면서 내면에 변화도 일어났다. 그렇게 긍정을 실천하고 살아가게 되면서 어느 순간, 깊은 정신적 절망인 상처를 경험한 것에 대해 감사한 마음까지 생겨났다. 절망의 깊이가 깊으면 깊을수록 극복했을 때, 행복과 만족도, 감사함은 절망감의 깊이와 비례해서 높아지는 것 같았다. 힘들어하는 주변 지인들에게 상처받고 회복한 경험을 늘 개방하고 살아간다. 회복할 수 있다는 믿음을 가질 수 있게 늘 응원해 준다. 마음의 상처를 회복하는 것은 주변의 관심과 사랑도 중요하지만, 자신이 지금, 이 순간순간 어떻게 살아가고 있는지에 따라 치유 여부가 결정된다.

정신적으로 어렵고, 힘들었던 마음을 회복하는 경험을 하면서 나는 정신건강에 관심이 커졌다. 특히 상담심리 분야에 관심이 많이 생겼다. 관련 서적도 찾아서 보게 되었고, 경찰 상담심리 공부도 시작하였다. 학창 시절에도 없었던 학구열이 생겨났다. 만학도에 도전하여 S 사이버대 상담심리학과 학부 과정도 마쳤다. 이런 학습이 도움이 되어 '경찰 자살 예방 동료 강사'에 도전하여 선발되었다. 현업과 함께 경찰 동료들에게 경찰 자살 예방에 관해 이야기할 기회가 생긴 것이다. 최근 10년 가까운 기간 동안 경찰공무원 자살률은 일반 공무원 자살률보다 2배에서 2.5배 이상 높았다. 경찰 자살 예방 동료 강사 활동을 하면서 제도개선이 필요하다는 문제의식을 느끼게 되었다. 수년 동안 경찰 자살 예방 관련하여 공부하고 정보를 얻을 수 있는 곳이 있으면 어디든 달려갔다. 2018년 '제1기 국회 자살 예방포럼 출범식'을 비롯해서 다양한 자살 예방 세미나, 토론회를 찾아다니면서 궁금한 건 질의응답 시간을 통해 자살 예방 전문가들의 고견을 들었다. 추후 계속된 자문을 구할 수 있게 연결고리도 만들어 두었다. 그런데 나에게 불청객처럼 다시 수면장애가 찾아왔다. 다양한 이유가 있겠지만, 가장 큰 원인은 교대근무로 생체리듬이 깨지고 깨진 생체리듬이 누적되었기 때문인 듯하다. 수면장애를 극복하기 위해 시간만 나면 집 인근에 있는 U 공원에 나가 열심히 운동해 보았지만, 별 효과가 없었다. 그러던 차에, 공원에 인접해 위치한 야산 황톳길에서 어르신 몇몇 분이 맨발 걷기 하는 모습이 눈에 띄었다. 처음에는 참 생뚱맞아 보였다.

하루는 맨발 걷기 중인 백발의 어르신에게 맨발 걷기가 건강에 효과가 있느냐고 질문했다. 어르신은 운동화를 신은 내 모습을 보더니 다짜고짜 신발 벗고 따라오라고 했다. 걸으면서 건강과 수면에 정말 좋은 맨발 걷기 효과에 대해 자세히 설명해 주겠다고 했다. 3월 초순이고 낮 시간대라 그렇게 추운 날씨는 아니라서 나도 신발을 벗고 1시간 정도 맨발 걷기를 난생처음 경험하였다. 그날 교대근무 중 야간 근무가 잡혀있던 날이었다. 수면 질이 좋지는 않았지만, 야간 근무가 있는 날에는 출근 전 한두 시간 억지로라도 낮잠을 청한다. 맨발 걷기를 처음으로 경험한 그날도 귀가 후 평소처럼 한 시간 정도 낮잠을 청하였다. 근데 아주 신기한 일이 벌어졌다. 아주 오랜만에 꿀잠을 경험했다. '이게 뭐지 정말 맨발 걷기 때문인가?' 하고 의구심을 가졌다. 곧바로 맨발 걷기 관련 자료를 찾아보았다. 이미 임상 논문자료가 많이 나와 있고, 책으로도 여러 권 출간되어 있었다. 수면 질이 좋아지는 것은 기본이고 맨발 걷기 효과는 놀라웠다. 불면증과 우울, 자살 충동의 연결성은 이미 알려진 사실이다. 그 순간 어쩌면 '맨발 걷기'가 '경찰 자살 예방'에 로또 같은 역할을 할 수 있겠다는 믿음이 생겼다. 자살 충동을 유발하는 우울증 증상에는 그림자처럼 불면증이 따라온다. 우울증이나 불면증은 정도의 차이는 있지만, 심해지면 심신을 아주 힘들게 하고, 피폐하게 만든다. 당연히 자살 충동에도 영향을 끼친다고 생각한다. 내가 직접 경험했고, 분명하게 체험했기 때문이다. 실제로 맨발 걷기 전문가들은 맨발 걷기를 '천연 신경안정제'라고 설파하기도 한다. 또한, 임상 연구에서 맨발 걷기는 스트레스 호르몬인 코르티솔 수치를 안정화할 수 있게 도와준다는 보고도 있다. 한 시간 맨발 걷기를 처음 시작한 날 대자연 맨땅에서 꿀잠이라는 인생 최고의 선물을 받았다. 그날 이후 하루도 안 거르고 매일 맨발 걷기를 실천하고 있다. 맨발 걷기를 통해 수면장애는 완전히 회복되었다. 그 외에도 맨발 걷기는 심신 건강 회복에 놀라운 효과가 있었다.

　맨발 걷기를 매일 실천하고 심신 건강이 좋아지는 것을 온몸으로 체험하면서 새로운 목표가 두 가지 생겼다. 한가지는 맨발 걷기를 하루도 안 거르고 연속해서 1,000일을 실천하는 것이었다. '천일'이라는 숫자에는 간절히 바라고 원한다는 의미가 내포되어 있다. 가족관계 회복과 경찰 자살 예방을 기원하는 마음을 담았다. 다른 한 가지는 맨발 걷기를 주제로 책을 쓰는 것이었다. 수면장애로 고통받고 힘들어하는 경찰 동료들에게 맨발 걷기를 적극적으로 알리고 싶었다. 책으로 출간해서 알리는 것이 가장 효과적인 방법이라고 생각했다.

　천우신조였는지 독서 모임에서 인연이 된 N 작가에게 조언을 구했다. 감사하게도 흔쾌히 가르쳐 주겠다고 하였다. 곧바로 N 작가가 운영하는 책 쓰기 모임 〈책성원〉에 참여하였다. 〈책성원〉은 '책 쓰고 성장하고 원하는 삶 살기'를 목표로 한 모임이었다. 첫 과제가 책 쓰기에 기본이 되는 매일 '자판 필사'하기였다. 처음에는 다른 사람의 책을 그대로 베껴 쓰는 것이 의미가 없어 보여 지루했다. 적극적으로 실천하지도 않았다. 필사를 그렇게 게을리하고 시간만 보내고 있었다. 필사의 필요성을 인식한 계기가 있었다. 바로 새로운 책을 선정하여 필사하면서부터였다. N 작가의 《내 인생 첫 책 쓰기 비법은 필사이다》라는 책을 필사하면서부터 변화가 생겼다. 책을 쓰기 위한 필사의 중요성을 잘 녹여놓은 내용을 직접 필사하면서 필사의 중요성을 확실히 인식할 수 있었다. 그중 가장 인상적인 꼭지는 '글쓰기에 자신 없는 사람일수록 필사부터 해라'였다. 내가 글쓰기에 자신이 없었던 사람이었기 때문이다. 지금은 매일 필사를 실천하고 있다. 책 출간이라는 간절히 바라고 원하는 목표도 큰 힘이 되었다. 책 쓰기가 분명히 현실이 될 것이라는 믿음이 생겼다. 그 현실을 꿈꾸면서 필사할 수 있어 필사하는 지금이 참 즐겁다.

세상을 변화시킨다는 것은 어렵다. 직장의 변화도 쉽지 않다. 가정의 변화는 어떠한가?, 가까운 친구를 변화시키는 것은?, 역시 어려운 일이다. 나는 어싱하고 필사하는 긍정 폴이다. 데일리 필사와 맨발걷기, 어싱을 실천하면서 작은 깨달음을 한가지 얻었다. 이 세상에서 변화시키기 가장 쉬운 대상은 바로 '자기 자신'이라는 것이다. 생각만 하는 것은 어리석은 것이고, 생각하고 찾아만 보는 것은 조금 현명한 것이고, 생각하고 찾아보고 직접 실천하는 것은 지혜로운 것이다. 내가 하고 싶고, 해서 즐겁고 가치 있는 것을 찾아서 실천하라. 하고 싶은 것이 만약 '책 쓰기'라면 가장 먼저 필사부터 실천해 보자. 데일리 필사를 거듭하다 보면 분명 몸과 마음과 영혼이 반응하고 감흥이 느껴지게 될 것이다. 그것을 루틴으로 만들어 가면 삶의 만족도, 행복도가 높아지는 것을 직접 경험하게 된다. 무릉도원은 멀리 있는 것이 아니다. 간절하게 하고 싶은 책 쓰기를 위해 가장 기본이 되는 필사부터 실천한다면 바로 지금 여기가 무릉도원이 된다. 필사, 시작해 보자. 책 쓰기를 향해서 내 삶이 나아간다는 행복감을 맛볼 수 있다.

데일리 필사를 놓치지 않으려는 이유는

나는 가정에서나 직장에서나 가능하면 긍정적 언어를 사용하려 한다. 세상만사를 긍정의 시각으로 보기 위해 항상 노력한다. 부정적 상황을 맞닥뜨릴 때도 어떻게 해서든 의식적으로 발상을 전환하여 긍정적인 면을 찾아낸다. 순간순간 긍정적 삶을 실천한다. 젊은 시절에는 까칠했다. 돌아보면 20~30대 시절에는 성격이 좀 예민하고 강퍅한 편이었다. 제대로 갖춰진 것도 없으면서 센 척, 잘난 척, 아는 척, 가진 척 자존심만 가득했다. 내 생각과 다르면 경계하거나 배척하고 얼굴에 불편한 기색이 역력히 나타났다. 그 당시 별명은 '우기기 대장'이었다. 그 당시에는 그렇게 하는 것이 정답이라 생각하고 살아갔다. 끈기도 없었다. 도전정신도 미약했다. 일이 잘 안되면 반성보다

화풀이할 대상을 찾았다. 마음에 들지 않는 사람에 대한 뒷말, 험담, 마녀사냥도 다반사였다. 인상 찌푸릴 일이 많았다. 성찰보다 늘 세상을 탓했다. 지금보다 스트레스도 상당했다. 삶에 대한 만족도, 행복도는 당연히 낮았다. 행복한 기억도 많지 않았다. 젊은 시절 한동안 그런 삶으로 점철되어 있었다. 지금 생각해 보면 부정적인 경찰 '부정 폴'에 가까웠다. '부정 폴'에서 '긍정 폴'로 변화를 시작한 계기가 있었다. 깊은 정신적 절망을 겪고 난 이후였다. 긍정적 삶이 체화되어 습관으로 자리 잡기까지 적지 않은 시행착오도 거쳤다. 포기하지 않고, 의식적으로 긍정적 삶에 끊임없이 도전하고 실천했다. 긍정의 가치를 늘 새기며 살아가고 있지만, 사람 감정이라는 것이 참 묘하다. 상황에 따라서는 아직도 긍정성을 놓치고 부정적 사고가 올라오곤 한다. 다행인 것은 지금은 자동적인 긍정적 사고로 동시 전환이 가능하다. 긍정성을 놓치면 부정성이 올라온다. 부정적인 자세와 태도는 우리 몸에 스트레스를 유발하고, 이는 체내에 독소가 축적되며 유해균의 활성을 촉진하는 부패 환경으로 발현된다. 이런 환경은 결국 심신을 지치고 힘들게 하고, 면역력을 떨어뜨려 삶 전반에 악영향을 끼친다. 반면, 긍정적인 자세와 태도는 내면에 생기를 불어넣고, 유익균이 활성화될 수 있는 발효 환경으로 구현된다. 이런 건강한 내적 환경은 심신의 회복력과 생명력을 높이며, 삶을 더욱 풍요롭고 조화롭게 만든다. 긍정적이든 부정적이든 습관이 되면 정신건강에 큰 영향을 끼친다. 긍정성을 놓치지 않기 위해 순간순간 의식적으로 노력한다.

데일리 필사도 같은 맥락이다. 필사를 놓치면 부정성이 올라온다. '오늘만 날인가?', '시간 날 때 다시 필사하면 되지 뭐', '책을 쓰는 게 급한 건 아니지 천천히 하면 어때?', '하루 정도 놓치는 건데 다음부터 꾸준히 하면 될 거야 문제 될 건 없지!' 등등…. 필사를 놓치지 않는다는 것은 글쓰기, 책 쓰기와 친숙해지고 감각을 익히기 위해 꼭 필요한 것이다. 책 쓰기에 다다를 수 있는 가장 기본이고 효과적인 방법이다.

나는 '긍정 폴'이라는 닉네임 외에 '어싱 폴'이라는 닉네임도 가지고 있다. 맨발 걷기, 어싱을 하루도 놓치지 않고 매일 실천하고 있기 때문이다. '어싱'을 주제로 책도 쓰고 있다. 그러다 보니 주변에서 함께 어싱하는 맨발 벗들 사이에서 '어싱 폴'로 불린다. 실천을 통해 발견한 놀라운 사실은 긍정과 어싱의 건강한 결과물들이 쌍둥이처럼 정말 닮아있다는 것이다. 어싱은 생각만 해도 마음이 편안해진다. 어싱에 관한 한 내가 생각해도 정말 진심이다. 봄, 여름, 가을, 겨울, 계절을 가리지 않는다. 비가 오나 눈이 오나 바람이 부나 날씨도 가리지 않는다. 새벽이나 야간, 심야 시간대 등 시간만 나면 실천한다. 시간도 가리지 않는다. 산, 공원, 둘레길, 운동장, 가로수 아래 등등 대지가 드러난 곳이면 어디든 장소도 가리지 않는다. 맨발 걷기, 어싱은 심신 건강에 정말 효과적이다. 사람 신체 내 혈관 길이가 10만km 이상이라고 한다. 지구 두 바퀴 반 이상 되는 혈관이 신체 내에 분포되어 있다. 신체는 혈관덩어리라고 봐도 무방할 정도이다. 어싱의 핵심 효과 중 하나가 체내 '활성산소'를 중화시켜 혈액순환을 최적화하는 데 도움을 준다는 것이다. 중화되면 안정화되고 안정화되면 심신이 평안해진다. '활성산소'를 만병의 근원이라고 한다. 활성산소는 체내에서 발생하기도 하지만 과음, 과로 등 스트레스, 자외선, 세균 침투에 의해서도 생겨난다. 활성산소는 자신을 안정화하기 위해 체내 세포나 유전자를 공격하여 전자를 빼앗아 온다. 전자를 빼앗긴 유전자는 변형되고 일그러지면서 염증을 유발하기도, 노화나 만성질환을 일으키는 원인이 되기도 한다. 대지에 무한한 전자를 맨발 걷기, 어싱을 통해 제대로 충전하지 못하면, 체내 세포나 유전자가 된통 피해를 볼 수 있다. 활성산소는 다양한 이유로 체내에 매일 생겨난다. 활성산소의 안정화가 제대로 작동하지 않고, 과다해진 활성산소는 건강을 해칠 수 있다. 맨발 걷기를 놓치지 않고 매일 실천해야 하는 이유이기도 하다. 아무리 바쁜 날이라도 짬을 내 맨발 걷기를 놓치지 않는다.

필사 또한 나는 매일 하려고 한다. 살아가면서 우리는 많은 것들을 놓친다. 놓친 것에 대한 후회나 실망, 부정적인 감정에 사로잡히지 않으려면, 오히려 놓치고 싶지 않은 것을 찾아 꾸준히 실천하는 것이 중요하다. 지금 책 쓰기라는 목표 아래 놓치고 싶지 않은 실천을 이어가고 있다. 바로 데일리 필사이다. 처음에는 매일 필사를 실천하는 일이 절대 쉽지 않았다. 실패를 거듭하기도 했다. 하지만 필사를 놓치지 않으려는 이유는 분명하다. 필사를 지속해서 실천할수록 삶에 다양한 긍정적 변화가 찾아오기 때문이다. 필사로 인한 변화를 구체적으로 살펴보면 다음과 같다.

첫째, 창의력을 높여준다.

필사는 글을 느린 호흡으로 가져가기 때문에, 읽을 때보다 생각에 여유가 생긴다. 기존에 알지 못했던 의미나 느낌을 발견하게 된다. 이런 과정은 새로운 연결과 발상 전환을 유발하는 연결고리 역할을 한다. 같은 문장을 여러 번 반복해서 쓰다 보면, 처음에 느끼지 못했던 뉘앙스나 감정, 의미가 새롭게 떠오르기도 한다. 이런 경험들이 쌓여 창의적 사고의 기초가 된다. 필사는 단순히 따라 쓰기를 넘어, 생각을 확장하고 표현의 폭을 넓히는 긍정적 훈련이기 때문에 창의력을 높이는 데 큰 도움을 준다.

둘째, 집중력이 올라간다.

손과 뇌를 함께 사용해 글을 따라 쓰면 주의가 분산되지 않아 집중력을 높이는 데 도움이 된다. 글을 눈으로 보고 손으로 타이핑하는 과정에서 오감 중 시각, 촉각이 동시에 작동하기 때문에 뇌의 여러 부위를 자극한다. 그 과정에서 지금 순간에 온전히 집중하게 되는 '몰입 상태'가 형성된다. 이처럼 다양한 감각을 활용하면 단순히 볼 때보다 더 깊이 몰입하게 되어 산만함을 줄일 수 있고 집중력을 높이는 데 큰 도움이 된다.

셋째, 문해력을 길러준다.

필사는 주어진 글을 단어 하나하나까지 놓치지 않고 집중하게 만들어서, 문장의 문법적 구조나 연결 방식에 대한 이해도를 높여준다. 단순히 따라 쓰기가 아니라 글의 흐름, 구조, 형식, 어휘, 문장 표현을 몸으로 익혀 내면에 체화시키는 활동이다. 이런 경험이 쌓이면 낯선 글을 읽을 때도 그 의미를 정확하게 파악하고, 내용을 깊이 있게 이해하는 능력, 즉 문해력이 자연스럽게 향상된다. 결국, 필사는 '글쓰기 훈련'인 동시에 '글을 읽고 해석하는 힘'을 길러주는 매우 효과적인 방법이다.

데일리 필사를 놓치지 않고 실천해 보길 권한다. 그 이유는 분명하다. 필사는 책 출간이라는 꿈을 현실로 만드는 가장 확실한 연결고리이기 때문이다. 또한, 부수적으로 다양한 효과를 소중한 내 삶에 가져올 수 있는데, 그것은 창의력, 집중력, 문해력을 키워준다는 사실이다. 그렇기에 사사롭게 보이는 필사를 놓치지 않고 꾸준히 하길 강조하고 싶다. 가끔 하는 필사가 아닌 짧은 시간이라도 매일 하는 필사를 권한다. 하루하루 쌓이는 필사 시간은 눈에 보이지 않지만, 분명히 꿈에 더 가깝게 데려다줄 것이다. 필사에 대한 믿음은 포기하려는 순간에 다시 일어설 힘을 준다. 하루하루 쌓이는 필사 시간이 결국 나를 성장시키고, 꿈에 더 가깝게 데려다준다. 다시 한번 강조하고 싶다. 아무리 바쁘더라도 하루 단 5분이라도 필사를 놓치지 마라. 바쁘다고 핑계 대지 말고, 피곤하다고 미루지 말자. 작은 5분, 5분의 시간이 쌓여 책 한 권을 쓸 힘이 내 안에 생길 것이다. 오늘도 다짐하자. 데일리 필사, 놓치지 말자고. 그 꾸준함이 반드시 우리가 원하는 책 1권 출간을 가능하게 할 것이다.

자판 필사하면서 글쓰기에 익숙해진다

태어나서 처음으로 책을 쓰고 싶다는 욕구가 생겼다. 2016년 경찰 자살 예방 동료 강사 1기로 활동을 시작하면서 책을 쓰고 싶었다. 이유가 있었다. 불철주야 접점에서 국민의 생명과 재산을 보호하는 경찰공무원의 자살률이 높아도 너무 높았다. 공무원 사회에서 일반 공무원보다 유독 경찰공무원 자살률이 2배에서 2.5배 이상 높다는 것은 경찰의 문제라기보다는 사회 구조적으로 큰 문제라고 보였다. 거기에 더하여 국민 자살률도 OECD 국가에서 십수 년째 1위를 달리고 있었다. 개인적으로 경찰에 입문하여 자살 직전까지 갔던 자살생존자이기도 하고 경찰 자살 예방 동료 강사 활동을 하면서 생겨난 문제의식 때문이기도 했다. 그땐 그냥 우리나라가 회복이 필요한 사회라고 생각했다. 자살 예방, 심신 회복 관련 책을 쓰고 싶다 하는 정도였다. 시간이 나면 메모장이나 일기장에 생각나는 데로 끄적거려 보았지만, 어색했다. 형식도 내용도 모두 엉망이었다.

시간이 흘러 책 쓰기 모임 〈책성원〉에 우연히 참여하게 되었다. 〈책성원〉에서 미션 중의 하나인 자판 필사를 시작하고 서서히 자신감이 생겨났다. 자판 필사를 시작하면서 내용도 중요하지만, 형식의 중요성을 알게 되었다. 기본 요소가 서론, 본론, 결론이라는 3단 구성 형식이다. 긴 글이든 짧은 글이든 형식을 갖추지 않으면 논리적이지 않고, 어색하고 불편한 글이 된다. 3줄짜리 아주 짧은 글이라도 메시지 한 줄, 근거 한 줄, 다시 핵심 메시지 한 줄로 정리하면 된다. 자판 필사를 시작하면서 3단 구성 형식을 배우고 익혔다. 내 글도 형식에 맞추려고 노력했다. 어느 순간 내 글이 조금씩 편안하고 익숙해지기 시작했다. 처음부터 편안하고 익숙해지는 것을 기대하는 건 욕심이다. 하루하루 머물지 않고 조금씩 성장하고 있는 자신의 변화를 지켜보는 재미도 쏠쏠하다. 긍정적인 변화는 늘 재미와 의미를 더해준다.

얼마 전부터 나는 지역 경찰에서 근무를 시작하게 되었다. 지역 경찰은 간단히 말해서 경찰서에서 근무하는 내근직이 아니라 지구대, 파출소에서 교대근무를 하는 외근경찰관을 말한다. 교대근무는 24시간 번갈아 교대로 근무가 끊임없이 반복되는 시스템이다. 흔히 경찰공무원을 소개할 때 "불철주야 국민의 생명과 재산을 보호하기 위해 헌신하는"에서 가장 먼저 언급되는 불철주야 야간, 밤샘 근무하는 부서가 바로 지역 경찰이다. 때와 장소를 가리지 않고 범죄나 각종 사건, 사고 등 위급한 상황이 항상 발생할 수 있으므로 경찰공무원처럼 교대근무를 하는 직군이 필요한 것이다. 한 가지 안타까운 마음이 드는 것은, 교대근무는 인간의 생체리듬이 깨지는 환경이라 건강에 안 좋은 영향을 미친다. 어떤 부분에서는 치명적이다. 연구로 밝혀지고 언론에 보도된 내용 중에는 경찰공무원의 돌연사율(심근경색)은 일반 공무원보다 1.8배 이상 높다는 연구 결과물이 있다. 더하여 암으로 사망하는 경우는 일반 국민보다 경찰공무원이 2배 이상이라고 한다. 세계보건기구(WHO) 산하 국제암연구소(IARC)에서도 야간 밤샘 교대근무는 암을 유발하는 추정 물질 2등급으로 지정했을 정도이다. 극심하게 높은 경찰 자살률, 돌연사율, 암 사망률 등 건강에는 매우 열악한 환경이지만, 대한민국 치안 수준은 놀랍게도 세계 최고, 세계 1위라는 사실이다. 이 사실을 뒷받침하는 근거는 언론에 보도되었다. 2016년도에 글로벌 비교 통계 사이트인 "넘비오"에서 세계를 여행하는 여행객 상대로 각국 치안 수준을 조사한 결과가 1위 대한민국, 2위 싱가포르, 3위 일본 순으로 나타났다. 비록, 밤낮으로 교대근무로 건강에는 좋지 못한 악조건 속에 놓여있지만, 대한민국 경찰관 중 한 사람이라는 자긍심은 크게 가지고 있다. 지역 경찰로 근무하게 되면서 같은 팀으로 K 동료와 같이 근무하게 되었다. 감사하게도 같은 7080세대라 정말 좋았다. 거주지가 같은 동네라 번갈아 가면서 카풀까지 하기로 근무 초반에 의견을 모았다. 밤샘 야간 근무를 마치고 첫 카풀로 K 동료 차량에 몸을 싣고 퇴근했다. 차량에서 음악이 흘러나왔다. 귀에 아주 익숙한 음악이다. C 씨의 '흔적', Y 씨의 '갯바위', K 씨의 '일어나', L 씨의 '촛불잔치', A 씨의 '사람이 꽃보다 아름다워' 등 여러 곡이 스피커를 타고 피곤한 뇌파를 다독여주었다. 그 시절 인기가 많았던 곡들이다. 익숙한 곡들이라 카풀하는 내내 그야말로 힐링의 시간이었다. 좋아하는 노래는 끊임없이 많이 듣고 많이 따라 부르게 된다. 반복해서 많이 듣고 따라 부르고 좋아했던 노래는 시간이 지나고 다시 들어도 귀에 익숙하고 편안함을 준다. 애창곡, 인기곡은 그렇게 만들어진다.

　자판 필사 역시 한두 번에서 멈추면 안 된다. 지칠 때면 책을 출간한 작가가 된 자기 모습을 상상하면서 감흥을 끌어올려 보아야 한다. 필사에 필사를 거듭하면 자연스럽게 글쓰기에도 익숙해지기 마련이다. 필사하면서 서론, 본론, 결론을 찾아내려고 집중해 보자. 또한, 감정이입을 하여 책의 주인공이 되어 보기도 하고 삶을 돌아보기도 하면 필사에 몰입하는 데 효과적이다. 애창곡, 인기곡 만들어 가듯 끊임없이 자판 필사를 실천해 보자. 결과적으로 자판 필사를 통해서 더 빨리 글쓰기에 익숙해지는 것이다.

지금 날마다 하는 운동 중에 AB 슬라이드가 있다. AB 슬라이드는 신체 균형 유지와 자세 개선에 핵심적인 역할을 하는 복부 근력 강화에 최적인 운동기구이다. 기구를 앞뒤로 밀고 당기면 복부 주변 근력을 강화해 줄 뿐 아니라 신체 전반적인 근력을 키우는 데 도움을 준다. 정상적인 방법으로 1회를 하는데 한 달에서 길게는 1년이 걸리는 사람도 있다. 나는 한 달 정도 걸려서 1회를 성공할 수 있었고, 지금은 1세트 10회 정도는 어렵지 않게 하고 있다. 한 번은 1주일 정도 쉬었다가 AB 슬라이드를 해보니 10회를 하기가 엄청나게 어렵고 버거웠다. 신체 근력이 익숙해지기 위해서는 끊임없이 반복 훈련하는 것만이 지혜로운 방법임을 또 한 번 느꼈다.

  첫 공저 쓰기를 할 때, 필사하다가 손을 놓았던 적이 있었다. 첫 공저 쓸 당시, 매일 꾸준히 필사를 실천하였기에 나름 글쓰기 방법이 내면화되었다고 생각했었다. 내면화되었으니 공저 꼭지 글쓰기에 집중해야겠다고 의지를 다졌다. 빨리 공저를 쓰고 싶었다. 욕심이 앞섰다. 필사 없이 공저 꼭지 쓰기 시작했다. 처음 한 꼭지 초고는 어렵지 않게 단시간에 마칠 수 있었다. 보람도 있었고, 기분이 좋았다. 다음 꼭지도 곧바로 시작했다. 두 번째 꼭지부터 문제였다. 진도가 잘 나가지 않았다. 그것도 서론 부분부터 막혔다. 서론 정리가 안 될 뿐 아니라 더는 진도가 멈춰 섰다. 갑자기 머릿속은 꼭지 글쓰기가 어렵다는 생각으로 가득 찼다. 자신감도 떨어졌다. 공저 꼭지 글쓰기 진도는 멈춘 상태에서 하루, 이틀, 시간이 빠른 속도로 지나갔다. '왜? 두 번째 꼭지 글쓰기에서 글 문이 막힐까?' 한동안 고민을 거듭했다. 처음에는 자판 필사를 놓았기 때문이라는 생각을 하지 못했다. 어떻게든 그냥 써보려 했는데. 어려웠다. 안 되겠다 싶어 〈책성원〉 N 작가에게 어려움을 토로했다. N 작가는 자판 필사를 병행해서 한 번 더 시도해 보라고 조언해 주었다. 다시 자판 필사를 시작했다. 매일 자판 필사를 실천했다. 신기하게도 자판 필사를 시작하면서 다시 자신감이 생겨났다. 두 번째 꼭지 글을 쓰기 시작했고 막혔던 부분도 서서히 풀렸다. 자판 필사는 남의 글을 쓰는 것이지만 결국, 내 글을 쓰도록 도와준다는 사실을 알 수가 있다.

자판 필사 역시 필사 훈련을 통해 필사 근육이 생기고 글쓰기 근력을 탄탄하게 만들어준다. 탄탄한 필사 근육은 글쓰기를 익숙하게 하는데 더없이 좋은 친구다. 필사 훈련을 지속하면 할수록 글쓰기 근력은 더 두터워지고 유연한 탄력성까지 생겨나 익숙한 글쓰기가 가능해지는 것이다. 처음부터 익숙할 수는 없다. 가장 중요한 것은 시작하는 것이다. 시작이 반이다. 시작한 이후부터는 조급함과 욕심을 내려놓고 꾸준히 해봐야겠다. 천릿길도 한걸음부터라는 격언처럼 필사를 포기하지 않고 꾸준하게 앞으로 한 걸음씩 나아가는 것이 중요하겠다. 무엇이든 처음에는 어색하고 불편하다. 매일 실천하다 보면 어느 순간 내 것처럼 편안하고 익숙해진다. 자판 필사를 누구나 할 수 있는 베껴 쓰기라고 한다면, 자판 필사를 통해 익숙해지는 글쓰기 역시 누구나 가능한 일이다. 자판 필사는 글쓰기를 위한 끼니라 생각하고 매일 밥 먹듯이 필사를 실천해 나가자.

자판 필사하면 마음도 안정된다

우리 사회는 화가 많은 사회인 듯하다. 한때 미국 정신의학협회에서 출판한 정신질환 진단 및 통계 편람 권위 서적인 DSM-4(Diagnostic and Statistical Manual of Mental Disorders)에서는 한국의 문화와 관련된 특유의 질환으로 이를 hwa-byung(화병)이라는 한국식 표기로 등재한 적이 있었을 정도였다. 그 이후 사용한 DSM-5에서는 이를 삭제했다고 한다. '화'는 부정적인 감정의 대명사처럼 사용한다. 나는 젊은 시절 까칠한 성격 탓에 불편한 것도 많았고, 화도 많았다. 화를 내면 열이 머리로 치솟고 스트레스 역시 비례해서 높아졌다. 스트레스는 체내 염증을 유발하기도 한다. 결과적으로 화는 심신 건강에 좋지 않다. 화를 내는 횟수가 많아질수록 삶이 행복하지 않다. 그 시절 나에게 맞는 스트레스, 화를 해소하는 방법이 두 가지 있었다. 한가지는 좋아하는 운동을 해서 땀을 흘리고 샤워를 하는 방법도 괜찮았다. 다른 한 가지는 4대 성인이나 훌륭한 선각자들의 주옥같은 명언을 소리 내 읽고, 메모하는 것이었다. 명언을 읽고 메모하면 생각이 전환된다. 자신을 돌아보게 되고 사고가 긍정적으로 전환된다. 자연스럽게 마음이 편안하고 안정된다.

  자판 필사 역시, 안정감을 준다. 운동과 명언 낭독이 안정감을 주었듯이 자판 필사 역시 비슷한 효과가 있다. 필사하는 시간 동안, 마음이 편안해지고 안정화되는 것을 느낄 수 있다. 독서를 '마음의 양식'이라고 표현하는 것은 마음의 포만감으로 인해 편안함과 안정감을 준다는 의미일 것인데, 자판 필사도 같다. 자판 필사는 읽기만 하는 것보다 한 차원 더 깊은 편안함과 안정감을 느끼게 한다.

  나는 40대 중반 무렵 만학도의 길에 들어섰다. 상담심리학에 매료되어 S 사이버대학교 상담심리학과에 편입했다. 상담심리학에 눈을 뜬 시기였다. 새로운 것에 대한 도전은 정말 즐거웠다. 학업에도 열심이었다. 학과 교수님과 원활하게 소통하였고, 동아리 모임에도 열정적으로 임했다. 심리학은 마음을 이해하는 학문이다. 자기 이해는 타인 이해보다 더 선행되어야 한다. 자기 이해가 관건이었다. 자신을 알아차리고, 이해하기 위해 명상을 시작했다. 어느 날 작은 깨달음을 통해 인생철학을 한가지 가지게 되었다. 바로 '인생은 편안함과 불편함의 차이다. 이왕이면 긍정적인 자세와 태도를 가지고 편안하게 살자'라는 것이었다. 계속된 자문자답은 '안정적이고 편안하게 살아가려면 어떻게 살아야 할 것인가?, 내가 마음먹은 대로 편안한 삶을 추구하고 실천하자.' 라고 의식하고 그렇게 살아가기로 마음먹고 실천하기 시작했다. 실천한 사례는 예를 들면, 인사를 받으려고 하는 불편함보다 지위 고하를 막론하고, 남녀노소 불문하고 내가 먼저 미소 짓고 인사하기, 비난 · 뒷말 · 험담보다는 칭찬 · 응원 · 지지하기, 고깃집에 가면 가위와 집게 먼저 들기, 실수하면 곧바로 인정하고 사과하기, 타인이 히스테릭한 반응이나 화를 내면 연민의 마음 갖기, 세상 모든 것에 대하여 가능한 한 긍정적으로 바라보기 등 이었다. 처음에는 불편한 점도 많았고, 쉽지도 않았다. 그런데도 의식적으로 계속해서 노력하고 실천해 나갔다. 시간이 지나면서 서서히 몸에 배기 시작했다. 인생철학으로 마음먹고 실천한 행동에 대해서는 실제로 마음이 안정되면서 편안해지기 시작했다. 편안하고 안정된 마음 상태는 만족하고 행복하다는 것이다. 안정감 있고 편안한 사람을 만나려고 노력하는 것보다 내가 그런 사람이 되기 위해 부단히 노력하며 살아가는 것이 훨씬 더 살맛 나고 가치 있다.

   자판 필사는 안정감을 주는 대상이 될 수 있다. 나 또한 그랬다. 자판 필사를 하면 할수록 마음이 편안하고 안정되어 기분까지 좋았다.

시간이 지날수록 더욱 그렇게 변화되었다. 처음에 나는 자판 필사가 무슨 크게 효과가 있을까? 생각했다. 믿음이 부족했다. 자판 필사를 임무로 하던 초창기에는 단순하게 숙제처럼 생각되어 불편한 마음도 많았다. 얼마 지나지 않아 생각이 달라졌다. 자판 필사는 숙제가 아니라 책을 쓰기 위한 목표에 한 걸음 한 걸음 다가서는 글쓰기 능력을 키우는 자양분 같은 존재라 인식하게 되었다. 지금은 필사를 실천하는 시간이 안정감 있고, 편안하다.

자판 필사를 하면 다양한 효과가 나타난다. 그중에서 마음이 안정되고 편안해지는 현상을 느끼는 사람들이 많다. 그래서 마음의 안정을 찾기 위해서 자판을 두드려 필사한다는 사람도 있다. 저마다 자판 필사를 찾는 이유가 각양각색이라고도 할 수 있겠다. 책 쓰기를 목적으로 시작했던 자판 필사. 이제는 부수적으로 마음마저 안정된다. 자판 필사를 하면, 마음이 안정되는 구체적인 이유를 나열해 보자면 다음과 같다.

첫째, 자판 필사가 스트레스 해소에 탁월해서 마음이 안정된다.

자판 필사는 반복적으로 손가락을 움직인다. 그럼으로써 그것에 집중하는 효과가 있다. 결국, 마음을 진정시켜 안정감을 준다. 한 글자씩 타이핑해 작성하는 과정은 명상과 같은 심리적 안정 효과를 주게 되는 것이다. 리듬감 있는 자판 필사 활동은 긴장된 마음을 이완시키는 데 도움을 준다. 글을 베껴 쓰면서 글쓴이의 감정을 이해하면서 자연스럽게 자기감정을 다독이게 한다. 감정을 과하게 사용하지 않아도 해소되고, 마음이 한결 가벼워지는 경험을 한다. 자판 필사는 손가락으로 두드리면서 글쓴이와 마음으로 교감하고 그것으로 인해 마음이 안정되어 자기 회복적 상태가 된다. 스트레스 해소에도 자판 필사가 탁월하다고 볼 수 있다.

둘째, 자판 필사로 공감 능력이 좋아져 마음이 안정된다.

다른 작가의 글을 있는 그대로 옮겨 쓰는 과정은 타인의 생각, 감정, 표현하는 방식에 몰두하게 만든다. 그냥 글을 읽을 때보다 조금 더 천천히, 더 깊이 글쓴이의 의도와 감정을 알아차리게 된다. 이런 과정을 통해 '글쓴이는 왜 이런 표현을 썼을까?', '어떤 이유로 이런 감정을 느껴서 이런 단어를 선택했을까?'와 같은 자문을 하게 만든다. 자연스럽게 글쓴이의 관점에서 사고하는 훈련을 한다. 이런 반복적인 경험은 타인의 감정에 민감해지고, 이해하려는 태도를 키워주기 때문에 공감 능력이 좋아진다. 필사는 단순한 쓰기 훈련을 넘어 타인의 마음을 내 마음에 써 내려가는 훈련이다.

셋째, 자판 필사로 내면 소통이 가능해 마음이 안정된다.

필사는 단순히 글자를 옮겨 적는 것을 넘어 글쓴이의 감정과 메시지를 곱씹으며 자신의 마음과 연결하게 한다. 특히 공감이 가는 글귀나 문장을 보고 '나도 이렇게 느낀 적 있었지', '지금 나는 어떤 마음이지? 이와 비슷할 수 있겠다'라고 자문하고 생각하는 때도 있다. 이런 과정은 자기 내면과 상호작용하는 '내면 소통'이다. 즉, 자판 필사는 글쓴이의 마음을 알아차리는 동시에, 자신의 마음과 진정한 소통을 도와주는 도구라고 볼 수 있다.

    자판 필사를 하면 마음까지 안정이 되고 편안해진다. 생각지도 않았던 자판 필사의 긍정적인 효과이다. 주변을 둘러보자. 자기 자신에게 편안함과 안정감을 주는 대상이 얼마나 되겠는가? 물론 많을 수도 있지만, 자판 필사처럼, 내가 있는 위치에서 쉽게 할 수 있는 것은 드물 것이란 생각이다. 마음의 안정까지 주는 책 쓰기를 위한 자판 필사는 너무 쉽고 간단하다. 쉽기 때문에 더욱 편안함과 안정감을 준다. 마음에 안정감을 주는 가성비 최고의 방법이 바로 자판 필사이다. 자신이 좋아하는 관심사가 녹아있는 도서를 선정하라. 그 책으로 자판 필사를 한번 시작해 보자. 눈으로만 보는 독서에 머물러 있을 때보다 더 긍정적인 느낌이 들 수 있다. 눈으로 보고, 본 것을 자판 필사를 통해 컴퓨터 화면에 새겨넣는 것은 생각을 현실로 구현할 가능성도 더 높여준다. 삶이 분명 달라진다. 더 새롭게 변화한다. 내면이 안정되고 지금보다 훨씬 더 마음이 자유로워진다. 자판 필사 시작은 조금 낯설고 어색할 수 있다. 하루 이틀 시간이 지날수록 의미를 찾게 되고 안정적이고 편안해질 것이다. 마음이 힘들고 지친다면 자판 필사를 권해본다. 세상 가장 쉬운 자판 필사하시고 마음의 안정도 찾고 책 쓰기에도 도전해 보시길 바란다.

어싱이나 필사나 중요한 것은 꾸준함이다

　습관은 중요하다. 습관의 중요성은 아무리 강조해도 지나치지 않는다. 좋은 습관은 운명까지 변화시킨다. 영국의 모 교수 연구팀은 습관을 뇌에 각인시키는 기간은 21일, 습관을 몸에 각인시키는 기간은 66일 정도 걸린다고 발표했다. 무엇인가를 꾸준히 실천하고 루틴으로 만들어내기까지는 말처럼 쉽지 않다. 나는 한때, 골초였다. 흡연자 대다수는 백해무익한 담배를 끊고, 금연하고 싶어 한다. 한때, 금연한 사람과는 상종도 하지 말라는 우스갯소리가 있었다. 그만큼 끊기가 힘들고, 끊었다면 독한 사람이라는 것을 강조하기 위함이다. 하지만, 금연하지 못한 자신을 합리화하기 위해 지어낸 것이기도 하다. 금연에 성공한 사람 중에서는 '금연은 담배를 끊는 게 아니라 참는 거다'

라며 금연 지속의 어려움을 토로하기도 한다. 금연하면 떠오르는 사자성어가 '작심삼일'이다. 단단히 먹은 마음이 사흘을 가지 못한다는 의미이다. 작심삼일이라는 말은 꾸준함의 어려움을 설명할 때, 많이 사용한다. 작심삼일과 포기는 같은 의미가 아님에도 연결 지어 사용하기도 한다. 개인적으로 작심삼일의 역설을 통해 금연에 성공하고 비흡연자로 10년 가까이 살아가고 있다.

　10년 전 골초로 살아갈 때, 담배를 끊겠다고 마음먹은 시기가 있었다. 금연해야겠다고 마음먹고 시도했지만, 흡연 욕구를 참지 못하고 실패에 실패를 거듭했다. 담배의 유혹에 넘어가 담배 한 갑을 사면 한두 가치 피우고 나머지 담배는 모두 부러뜨리고 담뱃갑을 구겨서 쓰레기통에 버렸다. 이런 악순환은 한동안 계속되었다. 작심삼일을 넘기지 못하는 경우가 많았지만, 포기하지 않았다. 당시 작심삼일을 수십 번 반복했다. 그런 불편하고 혼란한 상황을 석 달 남짓 넘긴 어느 날 아침이었다. 그날도 흡연 욕구를 극복하지 못하고 담배를 사러 편의점으로 향했다. 편의점 출입문을 열어젖히기 직전 유리문에 비친 내 모습을 보게 되었다. 무엇인가에 쫓기는 듯한 몸짓, 순간 '지금 내가 무엇을 하는 거지?, 이건 아니지!' 하고 직면하는 동시에 자기 객관화가 되면서 나 자신이 너무 어리석어 보였다. 어리석은 내 모습을 인정하고 나니 마음이 한결 가벼워졌다. '그럼, 이제 앞으로 어떻게 살 것인가?' 다시 자문하고, '이렇게 어리석은 짓은 반복하지 말자'라는 자기 선언과 함께 그 순간 금연을 결심하고 실행했다. 곧바로 가족부터 지인들까지 금연 시작을 알렸다. 그날 이후 지금까지 10년 가까이 비흡연자로 살고 있다. 금연의 마지막 단계는 좀 무식하고 서툴고, 투박했다. 그렇지만, 포기하지 않고 끊임없이 금연이라는 목표에 꾸준히 도전했기 때문에 성공할 수 있었다. 금연의 원동력은 바로 꾸준함이었다.

지금 매일 밥 먹듯이 꾸준히 실천하고 있는 것 중의 하나가 맨발 걷기인 어싱이다. 내가 어싱을 하는 가장 큰 이유는 당연히 건강한 삶이다. 건강이 안 좋았는데 맨발 걷기를 통해 건강을 회복한 지인 K 대표가 있었다. K 대표를 알게 된 지 3년 정도 되었다. K 대표는 만성질환 중 회복이 어려운 고혈압을 맨발 걷기 10일 만에 약을 끊고 회복하였다. K 대표는 가족력이 있는 고혈압 환자였다. 혈압약을 복용한 지 20년이 넘었는데 회복되기는커녕 더 악화하여 약을 늘여야 하는 상황이 되었다. 약을 더 늘여야 하는 것에 크게 낙심하였고, 양의학이 아닌 다른 분야에서 고혈압을 개선하고 회복할 수 있는 대안이 있는지 찾아보기 시작했다. 민간요법, 자연요법을 비롯한 인터넷 자료 및 주변 지인에게도 수소문했다. 오랜 노력 끝에 발견한 핵심 키워드가 바로 '맨발 걷기가 고혈압에 효과가 있다.'였다. 관련 서적, 논문, 임상자료 등 모든 것을 찾아 탐독해 보니 맨발 걷기가 정말 도움이 되겠다는 믿음이 생겼다고 한다. 곧바로 맨발 걷기를 시작하기로 했다. 인근에 있는 맨발 걷기 공원을 찾았다. 맨발 걷기를 시작한 첫날 맨발로 첫 걸음을 내딛는데, 너무 기분이 좋았다고 한다. 맨발 걷기를 시작한 지 10일 만에 고혈압약을 끊게 되었는데 회복 이야기가 신기했다. 맨발 걷기를 매일 하면서 병원에서 처방받은 고혈압약을 복용했다고 한다. 맨발 걷기를 시작한 지 10일째 되는 날 친구들과 운동을 하기 위해 스크린 골프장에 갔다. 스크린에서 드라이버 골프채로 풀스윙하는데 순간 현기증이 나서 휘청거리며 쓰러질 뻔하였다. 곧바로 혈압계로 혈압을 점검해 보니 혈압이 저혈압으로 떨어진 것을 확인했다. 맨발 걷기를 하면서 고혈압약을 먹으면 저혈압이 올 수도 있다는 얘기를 들었는데 그런 현상이 K 대표에게 일어난 것이었다. K 대표는 그날 곧바로 의사와 상의 후 고혈압약을 끊고 맨발 걷기만 하루아침, 저녁으로 2차례 두 시간 이상 매일 실천하고 있다고 한다. 맨발 걷기 공원에서 K 대표와 처음 만났을 때는 고혈압약을 끊은 지 2년이 넘었을 때였다. 고혈압약을 끊은 이야기도 신기하지만, 신기한 이야기가 하나 더 있다. 고혈압약을 끊고 나서 겨울철에 날씨가 추워 맨발 걷기를 한동안 하지 못하였을 때는 다시 고혈압 증세가 나타나기 시작했다고 한다. 맨발 걷기를 하는 맨발 벗들 사이에서는 이와 비슷한 회복 사례가 적지 않다.

  맨발 걷기가 건강에 정말 좋지만, 꼭 실천해야 할 전제조건이 있다.

바로 건강 회복을 위한 맨발 걷기는 밥 먹듯이 매일 꾸준하게 실천해야 한다는 것이다. 그 이유가 K 대표 사례를 통해 잘 설명해 주고 있다. 요즘 지역주민들의 건강에 관심을 보이는 지방자치단체에서는 비닐하우스 등을 설치하여 겨울철에도 누구나 매일 맨발 걷기를 할 수 있게 노력을 기울이고 있다. 매일 해야 한다는 의무감을 가지기보다는 자연의 일부인 사람이 꾸준히 대자연과의 접촉을 통해 건강을 유지할 수 있다는 것이다. 매일 꾸준히 맨발로 맨땅에 접지하면 질병을 회복하고 건강을 유지하는 데 크게 도움이 된다는 것을 믿고 꾸준히 실천하면 효과는 배가 된다. 책 쓰기를 위한 자판 필사 또한 맨발 걷기처럼 꾸준히 해야 한다. 꾸준히 하지 않는다면 오히려 더 어렵다. 꾸준히 할 때, 효과가 나타나고 매일 하면서 일상이 되어 더 쉬워진다. 쉬워지니, 더 좋은 효과가 나타나는 긍정적인 연쇄반응이 내 삶에 찾아온다.

나는 책 쓰기를 목표로 필사 중이다. 꾸준히 필사하고 있다. 종교를 넘어서 꾸준한 믿음을 가지고 살아간다는 것은 풍요한 삶에 중요한 요소다. 꾸준히 필사하면서 책 쓰기에 대한 믿음이 강화되었다. 믿음을 가진다는 것은 자신감을 장착하는 것이다. 자신감을 가지고 대상을 대할 때와 자신감 부족으로 의기소침한 태도를 보이는 때와는 사뭇 다르다. 필사는 책 쓰기에 자신감을 가질 수 있게 촉진제 역할을 해준다. 책 쓰기 감각을 잃어버리지 않게 꾸준히 실천하고 있다. 하루도 거르지 않고 자판 필사를 실천하고 있다. 필사를 꾸준히 실천하면 좋은 점이 여러 가지 있는데 세 가지만 나열해 보면 다음과 같다.

첫째, 필사는 자아존중감, 즉 자존감을 높여준다.

필사는 자신이 선정한 책의 좋은 내용을 따라 쓰면서 언어 감각과 표현력을 키우는 활동이다. 이런 과정을 통해 작은 깨달음도 얻고 '스스로 성장하고 있구나'라는 긍정적인 자각이 생긴다. 점차 글에 대한 자신감도 높아지게 한다. 특히 필사는 꾸준함이 필요한 작업이라 하루하루 쌓이는 필사 기록을 보면서 스스로에 대한 신뢰와 보람을 얻을 수 있다. 이런 지속적인 성취, 성공 경험이 쌓이면, '나는 할 수 있는 사람이야'라는 자기 인식이 자리 잡고, 결국 자존감이 자연스럽게 높아진다. 즉, 필사는 나를 존중하고 인정하고 긍정하는 훈련이다.

둘째, 필사는 의사 표현 능력을 좋게 한다.

필사는 단순히 글을 베껴 쓰는 것이 아니다. 글의 구조와 형식, 표현 방식, 단어를 선택하는 능력을 몸에 체화시키는 과정이다. 좋은 글을 반복해서 필사하다 보면 다양한 어휘와 문장 구성 방식을 학습하게 한다. 그런 과정에 서서히 학습한 표현을 자기 말이나 글에 적용한다. 또한, 필사는 생각 없이 적는 게 아니라, 한 문장 한 문장을 되새기며 따라 쓰기 때문에 글의 논리나 흐름을 이해하고 그것을 내 식으로 정리하는 훈련이 가능하다. 이렇게 머릿속 생각을 글로 정리하는 힘이 생기면, 말이나 글로 자기 생각을 명확히 전달하는 능력, 즉 의사 표현 능력이 좋아진다.

셋째, 필사를 통해 뇌 건강이 좋아진다.
자판 필사를 하면 손가락을 움직이면서 동시에 눈으로 문장을 읽고, 머릿속에서 정리한 내용을 화면에 나타나게 한다. 이런 과정은 뇌의 전두엽에 활성화 작용을 촉진한다. 문장을 보고 읽고 손으로 타자 해 쓰는 과정은 단순하게 보는 것보다 훨씬 더 많은 기능이 뇌를 자극한다. 전두엽은 집중력, 사고력, 기억력 등을 관장하는 부위로 알려져 있다. 필사는 이 부위를 지속해서 자극해 주면서 뇌 건강이 좋아지는 데 도움을 준다.

어싱이나 필사나 중요한 것은 꾸준함이다. 꾸준함은 곧 그릿, 끈기와 결을 같이한다. 미국의 모 심리학자는 그릿을 "성공과 성취를 끌어내는 결정적 역할을 한다"라고 주장했다. 자연현상 중에 물방울로 바위를 뚫어낸다는 것은 시사하는 바가 크다. 무엇이든 꾸준히 해나간다면 불가능해 보이는 목표라도 이루어낼 수 있다. "간절히 바라고 원하면 현실이 된다". 라는 말을 증명한 사례는 무수히 많다. 간절히 바라고 원하면서 꾸준히 실천해 나간다면 현실로 구현될 가능성이 커진다. 꾸준함은 목표한 믿음에 가속도를 붙게 한다. 요즘은 주변에서 삶이 공허하다고 말하는 사람들이 적지 않다. 삶이 공허하다는 것은 비어있다는 것인데, 목표 없는 삶을 살고 있을 개연성이 상당하다. 삶을 살아가면서 목표를 가지고 꾸준히 실천하고 믿음의 확신까지 가진다면 공허함은 자유로움으로 승화될 것이다. 늦었다고 생각할 때가 가장 빠른 것이다. 지금 시작하자. 이 순간부터 자판 필사와 어싱을 꾸준히 실천하자. 꾸준히 실천해 나가기만 하면 '작가 실현과 건강한 삶'이라는 두 마리 토끼를 모두 품에 안을 수 있다.

어싱으로 건강 챙기고 필사로 내면을 채운다

　우리 사회에서 음주문화는 다양한 문화의 한 축으로 오랜 시간 뿌리 깊게 자리해 왔다. 과거에는 술을 많이 마시는 것이 미덕처럼 여겨졌다. 심지어 '술 상무'라는 유행어가 생겨날 정도로 사회에서 직, 간접적으로 평가 기준이 되기도 했다. 사람 각자마다 주량은 천차만별이다. 그런데도 같은 기준을 강요하는 모습은 정말 건강하지 못한 문화의 단면을 보여준다. 지금은 시대가 변하면서 개인의 건강, 자기 결정권, 그리고 절주(節酒)를 중시하는 방향으로 변모하고 있어 다행스럽다. 나는 절주를 실천한 지 20년 가까이 되어간다. 모임 명칭 중 하나는 술만큼은 '주량껏, 취향껏' 마시자는 의미에 '주취회'라는 모임도 만들어 운영하면서 건강한 음주의 필요성을 실천하기도 했다. 하지만 여전히 우리 사회에는 술을 은근히 강요하거나, 주량을 과시하는 구태가 남아 있다. 술을 꺾어 마신다고 눈치를 주고, 심지어 술을 마시지 않는 사람을 건배에서 소외시키는 경우도 은연중에 있다. 술로 인해 건강을 해치거나 사건, 사고로 이어지는 경우도 적지 않다. 반면, 선진 외국에서는 음주문화가 건강하고 성숙한 편인 듯하다. 예를 들어, 유럽에서는 포도주를 따르며 자연스럽게 건배를 하지만, 술을 조금 마신다고 불편해하거나 원샷을 요구하는 경우는 거의 없다. 술은 소통을 위한 연결고리이지 목적은 아니다. 이것이 타인의 건강과 자율을 존중하는 성숙한 문화라 할 수 있겠다. 술자리도 결국 '사람'이 중심이 되어야 한다. 술이 주인이 되어 사람을 불편하게 해서는 안 된다. 함께하는 사람들의 건강을 진심으로 염려하고 존중하는 것, 그것이 진정한 소통의 시작이다. 절주를 넘어서, 몸과 마음 모두를 건강하게 가꾸는 삶을 지향하기로 했다. 그래서 찾은 것이 바로 맨발 걷기와 필사이다. 자연 속에서 맨발 걷기로 몸을 치유하고, 글을 옮겨 쓰며 내면을 챙기는 시간은, 일상에서 가장 소중한 루틴들이다. 단순히 절주하는 것에서 한 걸음 더 나아가, 외면과 내면을 조화롭게 챙기는 것은 건강한 삶을 영위하는데, 아주 중요한 요소이다.

요즘 우리 사회에서는 건강한 삶을 위한 자연요법으로 K-맨발 걷기(K-어싱) 열풍이 거세게 불고 있다. 맨발 걷기는 단순한 유행을 넘어, 실제로 많은 사람이 건강을 회복하는 놀라운 사례를 만들어 내고 있다. 맨발 걷기, 어싱의 핵심 효과는 접지 효과, 지압 효과, 아치 효과 3가지가 있다. 간단하게 설명하면 다음과 같다.

첫째, 접지 효과

맨발로 땅을 밟는 순간, 몸에 쌓인 활성산소가 중화되고, 정전기가 지구로 배출된다. 이 과정은 혈행의 최적화를 기본으로 자율신경을 안정시키고 수면, 염증 회복, 면역력 증강에 탁월하다. 인체생리학적으로 검증된, 가장 단순하면서도 강력한 자연 치유법이다.

둘째, 지압 효과

발바닥에는 장기와 연결된 반사점이 집중되어 있다. 자갈길, 흙길 등을 걷는 동안 자연스럽게 이 지점들이 자극되면서 혈행 등 전신 순환이 활발해진다. 약이 아니라 땅이 우리 몸을 두드려 깨워 생기를 북돋는다.

셋째, 아치 효과

레오나르도 다빈치는 "발은 인간 공학상 최대의 걸작이자 최고의 예술품"이라고 극찬했다.

발에는 수십 개의 뼈와 체중을 지탱하는 아치 구조 등 근골격계로 이루어져 있다. 맨발로 걸을 때 이 근골격계가 본래 기능을 회복하면서 자세가 교정되고 근육이 강화된다. 몸의 균형을 바로잡고, 통증을 줄이고 건강을 회복하는 데 핵심적인 역할을 한다.

나는 지금 맨발 걷기 1,000일 도전을 목표로 하루도 안 거르고 매일 실천하고 있다. 처음엔 호기심으로 시작했지만, 단순한 걷기가 아니라 내 심신 건강과 삶을 완전히 바꿔놓은 놀라운 체험의 연속선상에 있다. 나열하면 다음과 같다.

첫째, 수면장애 극복

잠자리에 들면 뒤척이기 일쑤였고, 자고 나도 개운치 않은 날들이 반복되었다. 맨발 걷기 첫날 한 시간 걷고 믿기지 않을 만큼 깊고 편안한 꿀잠을 경험했다. 이후로는 입면 시간도 짧아지고, 밤중에 깨는 일도 사라졌다.

둘째, 전립선비대증, 약 복용 중단

전립선비대증, 약을 2년 넘게 복용했었다. 맨발 걷기를 시작하고 증상이 빠르게 호전되었다. 배뇨 불편감이 눈에 띄게 줄어들었고, 자연스럽게 약을 끊게 되었다. 몸이 자연을 통해 스스로 회복할 수 있는 복원력이 있다는 사실을 믿게 된 소중한 경험이었다.

셋째, 비염 증상 호전

매년 환절기만 되면 약 없이 못 버티던 고질병 비염, 맨발 걷기를 시작한 이후 약국이나 병원을 찾을 일이 없어졌다. 비염으로부터의 자유가 "환절기를 통해 변화하는 우리나라 사계절이 이렇게 아름다웠구나"를 오감의 건강한 작동으로 뼛속 깊이 느낄 수 있게 되었다.

넷째, 탈모 증상 개선

힘없이 축 처졌던 머리카락, 어느새 볼륨이 살아나기 시작했다. 미용실 사장님이 "뭘 하셨냐?"고 물어볼 정도로 단기간에, 눈에 띄게 좋아졌다. 머리 건강만큼 자존감도 높아졌다.

다섯째, 잇몸 건강 호전

부실한 잇몸으로 치과를 자주 다녔었다. 맨발 걷기를 시작한 이후로는 치과에 거의 갈 일이 없어졌다. 잇몸이 건강해졌고, 매일 아침에 잇몸에서 피가 나는 증상도 거의 사라졌다.

여섯 번째, 발톱무좀 개선

약발도 듣지 않던 심한 발톱무좀이 맨발 걷기 이후 서서히 호전되기 시작했다. 까맣게 변하여 발톱 전체를 덮쳐가던 발톱 무좀균이 사라지고 본래의 빛을 찾아가고 있다. 놀랍다.

일곱 번째, 면역력 전반적으로 개선

감기, 구내염처럼 자주 걸리던 잔병치레가 눈에 띄게 줄었다. 감염되더라도 깊어지지 않고 회복 속도가 빨라져 병원 진료 없이 회복할 수 있었다. 몸이 스스로 이겨내는 힘, 그것이 진짜 면역력 아닐까?

여덟 번째, 건망증 개선 및 인지력 향상

물건을 잃어버리고 깜빡하던 건망증이 점점 줄어들었다. 머릿속이 맑아지면서 생각의 흐름이 정리되고, 집중력도 좋아졌다. 맨발로 걷는 동안 뇌에 전달되는 자극이 분명 뇌 건강의 변화를 만든 것으로 생각한다.

아홉 번째, 편안한 인상에 건강한 피부로 변화

가족이나 오랜만에 만나는 지인들에게 자주 듣는 이야기다. 맨발 걷기 전보다 인상이 편안해졌고, 피부색이 건강해 보인다고 한다. 건강미를 북돋는데 맨발 걷기는 단연 최고다.

맨발 걷기는 단순히 신발을 벗고 걷는 행위가 아니다. 대지와 온전히 연결되며, 몸속 깊은 곳의 에너지를 깨우고, 자연의 치유력을 온몸으로 받아들이는 강력한 건강법이다. 하루 한 시간, 자연 속을 걷는 것만으로 몸은 균형을 되찾고, 생명력은 다시 깨어난다.

몸을 맨발 걷기로 깨웠다면, 마음은 자판 필사로 채우고 변화해 보길 권한다. 자판 필사가 생소하게 느껴질 수 있지만, 생각을 전환하고 필사를 자판으로 두드려 다양한 효과를 경험해 보자. 자판 필사는 단순한 타이핑 이상의 경험이 될 것이다. 한 줄 한 줄 따라 쓰는 동안, 글쓴이의 생각을 내 안에 스며들게 한다. 그 과정에서 나만의 사유를 탄생시키는 특별한 작업이 된다. 특히 자판 필사는 비인지 능력, 즉 끈기, 회복탄력성, 소통 능력을 키우는데 탁월하다고 할 수 있겠다. 앞에서도 자판 필사의 효과에 대해서 이미 적었지만, 이번에는 내가 경험한 자판 필사의 구체적인 효과에 대해서 적어보도록 하겠다. 그 내용은 다음과 같다.

첫째, 끈기 강화

하루도 거르지 않고 매일 정해진 양을 필사하면서 작은 습관은 결과적으로 끈기를 길러준다. 끈기는 우리가 어떤 일의 성과를 위해서 필수적으로 필요한 부분이다. 매일 하지 않고 달성되는 가치 있는 것이 세상에는 없다. 그런 가치 있는 끈기라는 성향을 사소한 자판 필사를 통해서 몸에 익힐 수 있다. 직접 해보지 않는다면 이 좋을 것을 막연하게만 알게 된다. 세상 쉬운 자판 필사를 바로 시도해 보시길 바란다.

둘째, 회복탄력성 향상

다양한 이야기를 따라 필사하는 동안, 정서적 안정감과 긍정적인 사고를 높이게 된다. 마음의 안정은 우리의 능력을 상승시킬 뿐 아니라, 어떤 불행한 환경에서도 이겨낼 힘을 발휘하게 한다. 이 힘이 바로 회복탄력성이다. 이런 내공은 자판 필사하면서 자연스럽게 몸에 장착하게 된다.

셋째, 소통 능력향상

자판 필사는 눈으로 볼 때보다는 더 깊이 책을 읽게 한다. 공감력이 높아진다. 책의 내용이 나에게 직접 하는 작가의 사상한 이야기처럼 느껴진다. 이런 체험은 어떤 책이나 사람, 주변 환경에도 깊이 들여다보는 습성을 만든다. 타인의 언어를 이해하고 내 언어로 소화하는 이런 과정을 통해, 타인과 세상을 바라보는 시각이 더 깊어지고 넓어진다.

마치 근육을 단련하듯, 글을 반복해 필사하는 과정에서 내면의 근력을 단단하게 한다. 대단한 것 같지 않지만, 꾸준한 필사는 결국 깊은 사유와 통찰을 낳고, 삶을 더 풍요롭고 탄탄하게 만들어준다.

어싱으로 건강 챙기고 필사로 내면을 채워 결국, 책 쓰기 도전도 가능하게 한다. 몸과 마음은 서로 연결되어 있다. 몸이 무너지면 마음도 흔들리고, 마음이 병들면 몸 역시 힘을 잃는다. 건강한 삶은 이 둘을 따로 보지 않고, 함께 돌보는 데서 시작한다. 맨발 걷기인 어싱은 우리 몸을 자연과 연결하여 균형을 되찾게 해준다. 딱딱한 신발을 벗고 대지를 딛는 순간, 우리는 본래의 생체리듬을 회복한다. 땅을 직접 느끼고, 바람과 햇살을 온몸으로 받아들이는 경험은 신체적 건강을 회복하는 디딤돌이 된다. 자판 필사는 내면을 단단히 채우는 훈련이다. 한 글자, 한 문장을 따라 옮기다 보면, 타인의 사유를 통해 자신을 돌아보게 된다. 생각이 깊어지고, 감정이 정제되며, 마음 근력이 탄탄해진다. 맨발로 걷고, 자판을 두드려 글을 옮기는 이 단순한 실천은 우리를 더욱 건강하고 유연한 사람으로 만들어준다. 몸을 깨우고 마음을 다듬는 이 여정은, 절대 거창하지 않다. 매일 한 걸음, 매일 한 줄, 그렇게 쌓여가는 변화가 우리가 원하는 책 쓰기까지 가능하게 만든다. 맨발 걷기와 자판 필사를 시작해 보길 바란다. 시작하는 순간부터 내면과 외면의 건강은 자연스럽게 챙겨진다. 무조건 남는 장사다.

책 쓰기 온라인 모임에서 얻은 것들

통상 '모임'이라고 하면 어떤 이미지가 그려지는가? 가족 모임, 자조 모임, 동창회 모임, 함께하는 스포츠나 취미활동에 관심이 있는 동호회 모임, 마음 맞는 사람들끼리 맛집이나 술집에 모여 함께 음식을 나누면서 왁자지껄 떠드는 모습 등이다. 비대면 온라인 모임보다 오프라인 모임이 먼저 떠오른다. 특히, 기성세대일수록 더 그럴 것이다. 비대면 온라인 모임이 세계적으로 퍼진 시기가 있었다. 코로나19 팬데믹 시대 이후 급속히 확산하였다. 온라인 모임에 대해 아직 낯설어하는 사람들이 의외로 많다. 온라인 모임에 대한 선입견도 많다. '현실감이 떨어져 소통이 어려울 것이다.', '규칙이 정해져 있어 경직되어 있을 거다.', '스킨십이나 아이컨텍이 이루어지지 않아 친숙함이 부족할 것이다.', '거리감이 느껴져 긍정적 상호작용이 쉽지 않을 것이다.' 기타 등이다. 나 역시 책 쓰기 모임 〈책성원〉에 참여하기 전까지 그런 선입견이 있었다. 〈책성원〉 온라인 모임은 두 가지 시스템으로 나눌 수 있다. 한가지는 오픈 채팅방에서 데일리 미션을 수행하고 단톡방에 게시하는 것이다. 다른 한 가지는 2주에 한 번씩 주말 이른 시간에 온라인 화상 모임으로 2~3시간 정도 함께 배우고 나누고 채우는 소통의 시간을 가진다. 참여하는 작가는 통상 10명 안쪽이지만, 리더 작가의 원활한 진행으로 분위기는 다정다감하고 생기발랄하다. 작가 상호 간에 응원, 지지, 공감, 배려, 격려가 충만하다. 마음을 열고 만나는 소중한 시간이다. 시작 시간이 되면 먼저 각자의 삶 속에서 경험한 좋은(good) 뉴스와 나쁜(bad) 뉴스를 돌아가며 나눈다. 두 번째 순서는 리더 작가가 준비해 온 책 쓰기 관련 핵심 노하우를 전수한다. 중간, 중간에 자유롭게 표현할 수 있게 개방형 질문이 양념처럼 곁들여져 서로의 마음을 알아갈 수 있다. 마지막으로 함께 한 온라인 모임을 통해 깨닫고, 자기 삶에 적용할 것에 대해 각자 이야기하는 순서로 마무리한다. 스스로 돌아보는 성찰의 시간, 다른 작가들 인생에 대한 간접경험을 통해 다름을 이해할 수 있는 시간을 가진다. 토닥토닥 위로와 잔잔한 감동을 주기도 받기도 한다. 짧은 시간이 아님에도 눈 깜박할 사이에 지나간다. 다양한 모임이 있지만, 소중하게 생각하는 모임 중 하나이다. 모임을 할 때마다 드는 생각이지만, 참 유의미하고 감흥 가득한 시간이다. 행복하고 여유롭다. 시간이 쌓이면 쌓일수록 〈책성원〉 온라인 모임에 더 깊은 운치와 흥취가 느껴진다.

세상은 물질만능의 사고에 익숙하고 물질 추구 삶의 방식을 당연시한다. 어떤 나라든 중산층이 존재한다. 중산층이란 안정적이며 최소한의 여유 자산을 가진 "여유로운 삶"을 가진 계층을 말한다. 한때, SNS에서 중산층에 대해 '중산층 별곡 신드롬'이라는 내용으로 급속히 확산하고 언론에서도 적지 않게 보도된 적이 있었다. 비교하는 것이 긍정적이진 않지만, 각성을 요 할 때는 효과적이다. 우리나라와 프랑스의 중산층 조건 5가지는 확연히 다르다. 우선, 우리나라 중산층 조건은 다음과 같다. 1. 부채 없는 30평 아파트 가지기 2. 월 500만 원 이상 급여 3. 2,000cc급 중형차 가지기 4. 1억 원 이상 예금잔고 가지기 5. 연 1회 이상 해외여행이다. 그리고 프랑스 중산층 조건 5가지를 나열하면 역시 다음과 같다고 한다. 1. 직접 즐기는 스포츠 하나 가지기 2. 직접 즐기는 악기 하나 다루기 3. 색다른 요리 하나 할 줄 알기 4. 불의에 분노하는 자세와 태도 취하기 5. 약자를 돕고 꾸준한 봉사 활동 하기이다. 중산층의 기준이 현재도 별반 다르지 않아 보인다. 프랑스는 경제적 가치보다는 인도주의적, 정서적 가치를 더 중시한다. 영국, 미국의 중산층 조건도 프랑스와 비슷하다. 안타깝게도 우리나라는 5가지가 모두 경제적 가치 금전, 물질이 관련되어 있다. 다양한 사람들과 다양한 시간에 다양한 장소에서 다양한 주제로 대화를 나누다 보면 어느 순간 대화가 블랙홀처럼 기승 전 물질로 빠져드는 경험을 자주 한다. 안타깝게 느껴진다. 근래에 Y 대학 K 교수가 방송에서 '돈(DON) 신 이데올로기 시대'라고 표현하는 것을 보고 깊이 공감하였다. 물질이 필요한 것은 맞지만, 물질에 과다하게 매몰되면 많은 것들을 놓칠 수 있다. 세상에는 물질보다 소중한 것이 부지기수다. 세상을 물질적 이해타산으로 바라보면 각박해질 수밖에 없다.

〈책성원〉 온라인 모임은 세상 물질만능의 사고 분위기에서 많이 벗어나 있어 마음이 편안해진다. 그래서 모임 시간이 더 기다려진다. 이미 책을 출간한 작가도 있고, 아직 책을 출간하지 못한 예비작가도 있다. 작가의 길에 들어서거나 준비하는 각자의 삶에서 가치를 찾고 의미를 부여하고, 메시지가 있는 삶을 실천하는 모습을 직, 간접적으로 느낄 수 있다. 메시지가 있는 삶은 이타적인 삶에서 찾기가 쉽다. 이기적인 삶에서 메시지가 나오기는 어렵다. 이타적인 삶을 내면화하면 마음 치유 호르몬을 내뿜는 감동과 위로를 삶 속에서 많이 경험하게 한다. 결국, 책을 쓰고자 하는 마음으로 시작한 〈책성원〉 모임을 통해서 행복도가 높아진다.

모임에는 리더가 존재한다. 리더의 중요성은 말이 필요 없다. 그 모임의 동기부여, 만족도, 정서적 감성지수, 에너지, 역동, 생동감 등에 강력한 영향을 끼친다. 한때 유행했던 리더의 유형은 4가지로 분류했다. 첫 번째 리더는 똑부(똑똑하고 부지런한 리더), 두 번째 리더는 똑게(똑똑하고 게으른 리더) 세 번째 리더는 멍부(멍청하고 부지런한 리더), 네 번째 리더는 멍게(멍청하고 게으른 리더)이다. 재미로 분류한 리더의 상이다. 급변하는 요즘 시대는 추가해야 할 한 가지 유형이 더 있다. 바로 '똑지' 이다. 똑똑하고 지혜로운 리더란 의미이다. 지금은 똑똑하면서 지혜로운 리더가 꼭 필요한 시대이다. 똑똑한 것으로 치면 인공지능, AI, 챗GPT가 제일 똑똑할 것이다. 앞으로는 사람과 기계가 사람과 자연이 사람과 사람이 어떻게 공존해 나갈 것인지가 관건이다. 실질적 공존이 필요한 시대에는 똑똑함과 지혜로움이 버무려져야 가능하다. 내가 알고 있는 똑지(똑똑하고 지혜로운)한 리더가 한 사람 있다. 지금 참여하고 있는 〈책성원〉 리더인 N 작가이다. 나도 나름으로 열심히 살아가기 위해 노력한다고 생각했는데 N 작가에 비하면 조족지혈이다. 직장인이면서 한 가정의 어머니 그리고 책 쓰기 모임 〈책성원〉에서 열정적이고 헌신적인 리더로 활동한다. 그 와중에 책을 수십 권 출간한다는 것은 가히 놀랍다. 인간성은 약자를 대하는 태도에서 나타난다고 한다. 예를 들기에 조금 어색할 수도 있지만, 〈책성원〉에 참여하고 있는 예비 작가들을 약자, 리더인 N 작가를 강자라고 가정해 보자. 예비 작가들을 대하는 태도에서 경외감까지 느껴진다. 예비 작가들의 불편함을 최소화해 준다. 작가의 길에 안정적으로 다다를 수 있도록 정말 다정다감하고 적극적인 코칭을 해준다. 줌 모임 시, 책 쓰기 강의 준비부터 예비작가 개인에 대한 세심한 피드백까지 정말 리더인 동시에 작가 각자의 멘토 같은 귀한 존재이다. 세상 모든 사람이 책 쓰는 작가가 되는 사회를 꿈꾼다고 한다. 리더에 대한 발상을 전환하면 우리는 저마다 자기 자신에게 리더 같은 존재이다. 세상에 태어나고 싶어 태어난 사람은 한 사람도 없다. 태어났으니 살아가는 것이다. 주인처럼 능동적으로 살아가는 사람이 있다. 반대로 그냥 손님처럼 밋밋하게 수동적으로 살아가는 사람도 있다. '내 삶에 주인이고 리더처럼 살아가려면 어떻게 살 것인가?'를 고민하면서 살아가는 것은 매우 중요하다. 자기 삶에서 리더인 나 자신이 나를 어떻게 인도하고 이끌어줄 것인지 자기 객관화를 통해 성찰하는 여정도 필요하다. 자기 객관화와 성찰은 자판 필사와 책 쓰기를 실천하는 지금, 나는 제대로 경험하고 있다. 그 경험을 나누고 배우고 채우는 〈책성원〉 온라인 모임은 많은 시간여행 속에서 가장 소중한 순간의 한 꼭지로 기억될 것이다.

　〈책성원〉에 참여하고 나서 나는 책 쓰기 여행을 시작했다. 여행이란 새로운 장소로 가는 것뿐만 아니라 새로운 세상을 향해 도전하고 새롭게 경험하는 것 그 자체이다. 요즘 시대, 우리는 초연결 시대 속에 살고 있다. 눈에 보이지 않지만, 세상은 연결되어 있다. 나는 〈책성원〉작가들과는 더 긴밀히 연결된 것처럼 느껴진다. 외국에서 생활하는 예비작가도 있다. 대부분 원거리라 오프라인에서 만나기는 쉽지 않아 온라인 줌 모임이 유용하다. 자판 필사하고 줌 모임을 하는 예비작가의 직업도 다양하다. 지극히 평범한 사람들이다. 각자 자신의 일상을 살아가다가 온라인에서 주기적으로 만난다. 오프라인 모임은 1년에 전반기, 하반기 나누어 두 번 정도 가진다. 평소 온라인 모임을 통해 이미 친숙해져 있어 오프라인 모임을 하는 시간은 정말 축제 같은 분위기다. 온라인 모임은 시간과 장소의 구애도 받지 않지만, 단조로운 삶에 촉진제 같은 역할을 한다. 상호 간 소통의 윤활유 같은 역할을 한다. 3년 전 온라인 화상 모임에 나는 처음 참여했었다. 새롭고 신선하고 인상적인 시간이었다. 굿 뉴스 발표 시간이 되었다. 당시 나는 참여가 처음이라 내 인생에 최고의 굿 뉴스를 떠올려보았다. 순간, 큰 딸아이가 학군단(ROTC)에 합격하였을 때가 내 인생에서 최고의 순간으로 기억되었다. 굿 뉴스로 나누었고 응원과 지지도 받았다. 많은 사람이 소통의 중요성을 머리로는 알고 있지만, 실천이 잘 안 된다고 한다. 실천의 시작은 의사 표현이다. 흔히 '꼭 말로 해야 알아?'라고 이야기한다. 말로 표현해야 알아차린다. 독심술은 누구나 가질 수 있는 능력이 아니다. 표현하고 사는 것이 모두가 건강하게 살아가는 지혜로운 방법이다. 표현하지 않으면 오해하거나 오해받기 쉽다. 침묵이 금일 때도 있지만, 침묵은 대부분 오해와 불통을 양산한다. 가능하면 칭찬, 응원, 격려, 배려, 위로하는 표현을 많이 사용하자. 상대의 약점을 지적하는 것보다 강점을 지지하는 표현이 가득한 〈책성원〉이 정말 좋다. 책 쓰기 도전하면서 삶에 끊임없는 변화의 자극을 받고 있다.

〈책성원〉 온라인 모임에서 얻은 것들은 소통과 신뢰 그리고 관심과 사랑이다. 〈책성원〉 모임을 통해서 나는 인간에 대한 순수한 관심과 사랑을 배웠다. 작은 깨달음도 얻었다. '마음을 열고 만나면 잠깐을 만나더라도 가족이고, 남매고, 형제지만, 마음을 닫고 만나면 백년을 만나도 남이다'라는 것이다. "가까운 이웃이 먼 친척보다 낫다"라는 속담도 있다. 소통은 신뢰와 긴밀히 연결되어 있다. 소통이 안 되는데 어떻게 신뢰하는 마음을 나눌 수 있겠는가? 마음을 나누기 위해서는 자기 개방이 우선 되어야 한다. 타인의 마음을 먼저 열라고 하는 것은 불편함을 줄 수 있다. 거울 효과와 같은 이치다. 상대방을 미소 짓게 만들려면 내가 먼저 미소 지으면 되고, 상대방에게 인사를 받으려면 내가 먼저 인사를 건네면 된다. 〈책성원〉 온라인 모임은 그런 환경이 이미 만들어져 있다. 〈책성원〉 온라인 모임에서 느껴지는 긍정적 상호작용은 늘 감동과 감사의 연속이다. 자판 필사하고 책 쓰기 도전했는데, 모임을 통해 영원히 함께하게 될 멋진 작가들까지 얻게 되었다.

필사의 새로운 영역은 자판 필사이다

끊임없는 변화와 성장 그리고 창의력의 중요성을 이야기할 때 "일신우일신(日新又日新)"이라는 고사성어를 자주 인용한다. '날마다 새로워지고 또 새로워진다.'라는 메시지는 생명력을 상징하기도 한다. 평범한 일상보다 도전과 변화를 통해 새로움을 만들어간다는 것은 설렘과 기대감을 준다. 이 고사성어를 삶 속에 적용하면서 살아가기 위해 노력하다 보니 즐거움이 많아졌다. 지금 매일 실천하고 있는 맨발 걷기는 치유 사례를 보더라도 특히, 건강이 안 좋은 사람들이 시작하기만 하면 건강을 개선하거나 회복하는 데 많은 도움을 받는다. 맨발 걷기, 어싱은 자연 치유법이다. 맨발로 걷는데 머물지 않고 즐거움을 만들고 싶어졌다. 새로운 아이디어나 영감이 필요할 때, 맨발 걷기가 도움을 준다. 맨발 걷기 중에 만나는 지인에게 건네는 '맨발 인사

법'이 생각났고, 즉흥적으로 만들었다. 맨발 걷기로 건강을 회복한 맨발 벗들은 누구나 맨발 걷기를 최고라고 생각한다. 건강에 관한 한 가성비도 최고다. 그래서 인사 구호에는 이런 의미를 담아 '맨발 최고'라고 정하고, 인사 방법은 맨발 벗을 어싱 장에서 서로 마주하면, 하이파이브하는 동시에 "맨발!"이라고 외친다. 이어서 2단계로 각자 '엄지척'하면서 "최고!"라고 말하는 것이다. 서로에게 더 건강하고 행복해지기를 바라는 마음을 담아 응원하는 인사법이다. 맨발 인사는 단순한 손짓을 넘어, 건강을 찾아가는 맨발 벗들에게 서로의 노력을 응원하고 재미까지 더해져 축제 같은 순간을 만든다. 맨발 인사를 나누는 순간, 웃음이 터지고, 감사는 배가 되고, 단순한 걷기에서 느낄 수 없었던 생기와 재미까지 선물 받는다. 새로운 것을 고안해 낸다는 것은 '없던 것을 있게 하는' 창조적 행위이다. 기존 틀에 머물지 않고, 새로운 방식을 탐구하고 발견하고 삶에 적용할 때, 활동은 더 깊은 재미와 가치를 지니게 한다. 그런 경험은 그 상황에 더 몰입하게 만들고, 주인의식까지 생겨나게 한다.

이런 새로운 발상은 맨발 걷기에만 해당하는 이야기가 아니다. 필사(筆寫)의 영역에서도 똑같이 적용할 수 있다. 단순히 책을 베껴 쓰는 종이 필사를 넘어 디지털 시대에 맞는 새로운 방식으로 삶을 풍요롭게 하는 시도 그것이 바로 자판 필사이다. 필사는 더 이상 종이와

펜에만 갇혀 있지 않아도 된다. 자판을 두드려 글을 겉으로 드러나게 하는 행위 또한 분명히 '새로운 필사'의 영역이다. 디지털 환경에 최적화된 이 방식은 접근성과 지속성을 크게 높여준다. 자판 필사는 단순한 복사가 아니다. 손끝의 리듬을 타고 생각을 확장하고, 마음을 표현하는 또 다른 작품활동이다. 맨발 인사가 맨발 걷기를 새롭게 만들어 가듯, 자판 필사는 필사의 의미를 확장하고 더 깊게 만든다. 익숙한 것을 넘어 새로운 방식으로 도전할 때, 더 넓은 세상, 더 깊은 자신과 만날 수 있다. 필사의 새로운 영역은, 바로 자판 필사이다.

Y 경찰서에 발령받아 근무를 시작하고 처음으로 행사 진행을 맡게 된 일이 있었다. 기존의 틀에서 조금 벗어나 색다른 분위기를 연출하고 싶었다. 조금 더 사람 중심적인 따뜻함을 담아내기 위해 시도했다. Y 지역 자율방범대 위촉식 및 간담회 행사였는데, 경찰 직업 특유의 경직된 분위기를 조금 유연하게 변화시키고 싶었다. 딱딱한 형식과 표정은 시민과의 거리감을 만들고, 때론 불편감과 스트레스로 이어지기도 한다. 행사가 조금 더 소통하는 분위기로 꾸며졌으면 좋겠다고 생각했다. 행사 참석자들은 지역 치안을 위해 함께 현장에서 호흡을 맞춰야 할 협력자들이었기 때문이다. 행사 당일, 새벽에 평소처럼 맨발 걷기 산책을 했다. 그 시간은 늘 새로운 아이디어가 떠오르는 마법 같은 시간이기도 했다. 그날도 예외는 아니었다. 산책 중 문득,

행사에 적용해 보면 좋을 두 가지 아이디어가 떠올랐다. 한가지는 참석자를 진행자가 대신 소개하는 기존 형식보다 스스로 간단한 자기소개를 하면서 자연스럽게 서로 눈 맞출 수 있게 하는 방식이었다. 다른 한 가지는 사회자가 행사를 진행하는 도중에 응원 대상자를 지목하는 발언에 맞춰 박수 세 번 하고 "최고!", "파이팅!", "사랑합니다!"라는 응원 멘트 한가지와 응원 박수를 삽입하는 것이었다. 결과는 기대 이상이었다. 참석자들의 집중도와 몰입도는 놀라울 만큼 높았고, 행사 분위기는 화기애애하면서 유쾌하게 흘러갔다. 일부 참석자들은 색다른 분위기에 처음엔 멋쩍어했지만, 결국엔 모두가 함께 웃고 손뼉 치는 시간이 되었다. 행사 직후, 직속 상사께서 "이 분위기, 언론 보도 감이야!"라며 덕담을 건넸다. 그 후 1년이 지나 지역 경찰로 근무하면서 상가를 순찰하게 되었다. 당시 위촉식에 참석했던 한 주민이 인사를 건네면서 "그날 행사에서 손뼉 많이 치고, 많이 웃었어요. 기억나요."라며 따뜻한 기억을 소환해 주었다. 이처럼 새로운 발상은 단순한 '색다름'을 넘어서 사람들 사이의 거리를 좁히고, 관계에 온기를 불어넣어 준다. 한 마디의 자기소개, 한 번의 응원박수는 긍정적 상호작용을 하게 한다. 주는 쪽이나 받는 쪽이나 상황에 집중하게 하고 인상에 오래도록 남게 하는 힘이 있다. '새로움을 더하는 시도'는 일상 곳곳에서 새로운 변화를 끌어낸다.

자판 필사 역시 마찬가지다. 단순한 타자 입력을 넘어, 자기 생각을 마음에 새기고, 감정을 녹여 표현을 다듬는 새로운 행위이다. 나는 자판 필사를 처음 시작하면서 여러 가지 생각이 많았었다. '자판 필사 연습만으로 책을 쓸 수 있을까?', '내가 포기하지 않고 책을 출간할 때까지 달려갈 수 있을까?', '같이 출발한 예비 작가들보다 뒤처지지는 않을까?', '공저를 쓰더라고 세상에 드러낼 수 있을까?', '누군가 내가 쓴 책을 보고 비웃지는 않을까?' 초창기에는 이런저런 걱정과 불안이 적지 않았다.

초조함을 떨쳐버리기 위해 자판 필사 외에도 여러 가지 새로운 시도를 해보았다. 필사할 꼭지를 눈으로만 읽어보기, 눈으로 보면서 소리 내 읽어보기, 손 필사 해보기, 소리 내 읽으면서 손 필사하기, 소리 내 읽으면서 녹음하기, 녹음한 것 들어보기, 녹음한 것 들으면서 소리 내 따라 읽기, 등이다. 그래도 가장 마음 편하고 몰입도가 높았던 방법이 자판 필사였다. 여러 가지 시도한 것 중에 자판 필사를 선호했던 이유를 5가지만 나열해 보면 다음과 같다.

첫째, 글씨체 스트레스에서 해방된다.

손 글씨에 자신이 없던 나에게 필사는 스트레스로 다가왔다. 글씨를 잘 쓰기 위한 부담은 내용에 집중하기 어렵게 만들었다. 하지만 자판 필사는 이런 외적 요소를 걷어내고 본질에 집중하게 해준다. '어떻게 썼는지'가 아니라 '무엇을 느꼈는지'에 초점을 맞출 수 있다. 자판

위 손끝의 자유가 마음의 자유로 이어진다.

둘째, 수정과 활용이 간편하고 유연하다.
오탈자를 쉽게 고치고, 저장된 텍스트를 복사하거나 공유하는 일도 단순하다. 손 글씨는 수정이 어렵고 공유가 제한적이다. 자판 필사는 확장성과 접근성이 좋다. 디지털 환경에 자연스럽게 녹아드는 방식이다.

셋째, 말초신경 자극으로 뇌 건강에 도움이 된다.
자판을 두드릴 때 손끝 말초신경이 자극되면서 뇌의 각성도가 높아진다. 실제로 필사 중 집중력이 살아나고, 정서적으로 안정감을 느끼는 경험을 자주 한다. 이는 단순히 글을 쓰는 행위를 넘어 신체적 활력과 연결된다. 특히 새벽이나 아침 시간 자판 필사는 하루의 컨디션을 높이는 데 효과적이다. 정신적 각성과 신체적 자극에 긍정적이다.

넷째, 몰입감을 높이는 리듬감이 있다.
타자 특유의 리듬감은 일종의 '몰입 장치'로 작용한다. 일정한 속도로 흐르는 키보드 소리는 내면의 소리에 귀를 기울이게 만든다. 문장을 따라가면서도, 동시에 나만의 박자로 생각을 정리하게 된다. 이는 음악을 들으며 명상하듯 '생각을 흐르게 하는 통로'가 된다. 몰입하고 싶은 사람에게 자판 필사는 가장 빠른 출입구다.

다섯째, 일상과 글쓰기를 자연스럽게 연결해 준다.

언제 어디서든 노트북만 있으면 필사할 수 있다는 점은 큰 장점이다. 책상 앞에 앉지 않아도, 카페나 다양한 장소에서 실행할 수 있다. 이 자유로움은 습관 형성에 큰 영향을 준다. 생활과 필사를 구분 짓는 것이 아니라, 하나로 연결해 주는 도구가 된다.

이렇게 다양한 시도 끝에 자판 필사는 단순히 '편한 방법'이 아니라, '가장 나다운 방식'이 되었다. 필사하는 과정이 반복될수록, 문장의 숨결과 감정의 결을 더 생생히 느낄 수 있었다. 경찰서 행사 진행에서 작은 변화가 사람들 사이의 거리를 좁히고 소통을 이루어냈듯, 자판 필사 역시 내면의 거리감을 좁히고 자신과 연결을 촘촘하게 만들었다. 익숙한 방식에서 벗어나 자신의 리듬과 방법을 찾는 것은 표현하는 힘을 가질 수 있게 한다. 그리고 그 힘은 이제, 나를 움직이게 하고 책을 쓰게 만드는 원동력이 되었다.

자판 필사는, 필사의 확장이자 새로운 가능성이다. 익숙한 단조로움을 넘어 디지털 리듬에 맞춰 새롭게 접근할 때, 또 다른 필사와 만날 수 있다. 작은 변화가 어느 순간 큰 울림이 되듯 새로운 방식 하나가 또 다른 자신을 만들어 낸다. 새로움은 활력이고, 자판 필사는 그 활력을 이어주는 고리가 된다. 그 고리는 생생한 삶으로 연결하기도 한다. 기억에 남는 장면, 마음을 나누는 글, 시작은 작은 전환에서 비롯한다. 전환이 모여, 자신의 길이 만들어진다. 자판 필사는 단지 손가락으로 문장을 따라서 치는 것이 아니라, 마음을 다해 언어를 다시 살려내는 일이다. 그 과정에서 우리는 '읽는 사람'에서 '느끼는 사람'으로, 더 나아가 '표현하는 사람'으로 성장한다. 변화는 거창함보다 새로운 시도 하나에서 시작한다. 처음엔 낯설고 어색하지만, 결국 삶을 변화시키고, 새롭게 태어나는 잔잔한 기적을 만든다. 우리는 늘 변화를 꿈꾸지만, 변화는 갑자기 찾아오는 것이 아니다. 전에 없었던 데일리 필사를 지속해서 실천하는 것은 작은 변화에서 큰 변화를 끌어내는 힘이 있다. 필사는 이제 단순한 타자 연습이 아니다. 그것은 생각을 정리하는 루틴이자, 감정을 정화하는 작업이고, 자신을 더 깊이 이해하는 방식이다. 마치 맨발 걷기가 세상과 나를 연결해 주는 접지선이 되듯, 자판 필사는 세상의 언어와 나를 연결해 주는 또 하나의 접지선이 된다. 안주하고 있는 무료함의 틀을 넘어설 때, 우리는 새로운 세계를 만날 수 있다. 그곳엔 더 깊은 자신과 더 넓은 삶의 가능성이 기다리고 있다. 지금부터 손끝으로 마음을 새겨보자. 필사의 새로운 영역 자판 필사에 도전하자.

우린, 데일리 미션하면서 책 쓰기에 도전한다

요즘 시대, 많이 인용하는 명언 중에 프랑스 철학자 폴 발레리가 남긴 '생각하는 대로 살지 않으면, 사는 대로 생각하게 된다'라는 말이 있다. 삶에서 내가 주체가 되어 결정하고 선택하고 살아야지 나를 객체로 살아가게 내버려두지 말라는 메시지가 녹아있다. 크기에 상관없이 결정한다는 것은 도전한다는 의미로 해석할 수 있다. 지금 책 쓰기에 도전하고 있다. 하위 도전과 제인 데일리 미션 자판 필사도 한다. 가능하면 일정한 시간대에 필사하기 위해 노력한다. 하루도 놓치지 않기 위해 의식적인 노력도 게을리하지 않는다. 데일리 필사를 여러 번 실패한 경험이 있다. 처음에는 '내 주제에 무슨 책을'이라는 자신감 부족으로 중단했다. 두 번째는 필사에 대한 믿음 부족으로 중단했다. 세 번째는 끈기가 부족해 중단했다. 자신감, 믿음, 끈기 부족을 넘어설 수 있었던 가장 큰 힘은 책 쓰기라는 간절한 목표가 있었기에 가능했다. 과정도 중요하다. 책 쓰기 모임 〈책성원〉에서 작가들과 긍정적 상호작용은 지칠 때마다 일어설 수 있는 용기를 준다. 지속해서 온, 오프라인에서 함께 모여 배우고 나누고 채우는 역동성에서 오는 동기부여는 큰 힘을 부여한다. 독불장군은 없다. 세상은 연결되어 있다. 도전하고 결정하는 주체는 분명 자신에게 있지만, 함께하고 있는 주변 환경을 간과해서는 우를 범할 수 있다.

'지금 주변에 누구와 함께하는가?'는 삶에 중요한 변수가 될 수 있다. 새로운 환경에서 새로운 도전 상자가 열린다. 작년에 Y 군에 있는 y 경찰서에 처음 발령받아 근무하게 되었다. y 경찰서는 수도권에서 가장 자연 친화적인 지역이다. DMZ(비무장지대)가 가장 길게 펼쳐진 지역이기도 하다. 거리에서 등산로에서 맨발 걷기 길에서 만나는 주민들 표정은 항상 부드럽고 밝았다. 사람 냄새 가득한 인간 친화적 고장으로 y 경찰서로 오길 정말 잘했다. 이렇게 산수 좋고 아름다운 지역에 인구가 줄어든다는 안타까움도 있었지만, 머지않아 진가를 알고 많은 사람이 모여들 것이라는 기대감도 컸다. 근무를 시작한 지 얼마 지나지 않아 경찰 동료 선·후배들과 식사하는 자리에서 음악 밴드를 만들어 보자는 의견이 나왔다. 지역주민들에게 긍정적 경찰

상을 홍보하고 자연스럽게 소통하는 데 있어 문화예술은 단연 최고의 대안이다. 경찰 동료 정서 함양이나 음악을 통한 지역 봉사활동은 정말 고무적인 발상이었다. 이번에는 "밴드결성에 도전"하고 마음먹었다. 음악에 관심 있는 동료들과 의기투합했다. 열정적으로 임했다. 단기간에 음악 밴드결성이 이루어졌다. 감사하게도 왕성하게 문화예술 활동을 하는 지역주민들도 함께 음악 밴드 일원으로 참여하면서 y경찰과 군민이 함께하는 폴-민 밴드가 결성되었다. 밴드 구성원들은 멋진 향연을 위해 서로 응원하고 격려하면서 합을 맞추어 나갔다. 연습 시작과 동시에 지역에서 개최되는 큰 행사에 첫 공연 일정도 잡혔다. 모두가 기대감과 설렘으로 가득했다. 연습 날짜를 정하고 김밥으로 끼니를 해결하면서 밴드 구성원들은 열정적으로 공연 준비에 임했다. 보컬이 없어 땜질식 보컬로 참여하였는데, 밴드 구성원들과 주변 도움으로 감사하게 공연까지 달려갈 수 있었다. 첫 공연 시 청중들의 감흥을 북돋우기 위해 노래에 무엇을 가미할까? 고민했다. 비록 몸치인 것은 분명하지만 노래에 어울릴 수 있는 율동에 도전하기로 했다. 공연 연습을 마치고 경찰서 인근 K 산에 혼자 올라가 야심한 시간에 율동 연습을 했다. 다양한 몸짓으로 율동도 만들어 보고 창작 삼매경에 푹 빠졌었다. 경찰 홍보를 곁들인 첫 공연 무대는 정말 평생 잊을 수 없는 순간이었다. 폴-민 밴드 구성원들과 주변 동료들 덕분에 첫 공연은 성황리에 성공적으로 잘 마칠 수 있었다. 지금 생각해도 감사하고 절로 웃음이 나온다. 밴드결성부터 공연 마무리까지는 도전의 연속이었다. 긍정의 삶을 살아가기 시작하면서 늘 도전을 즐기고 있다. 하루하루가 도전의 연속이다. 행복에도 빈도가 중요한 것처럼 도전에도 빈도가 중요하다.

도전은 생동감과 직접 연결되어 있다. 도전은 시작한다는 의미도 품고 있다. 시작이 반이다. 시작만 해도 이미 반은 성취한 것이다. 얼마나 남는 장사인가?, 도전은 새로움을 선사한다. 도전은 삶을 성장시킨다. 도전은 삶에 생기와 활력을 더해준다. 도전은 무료한 일상에 재미까지 선물한다. 도전은 주변을 안전하고 즐겁고 행복하게 만들어 내는 힘이 있다. 혼자 하는 도전보다 함께하는 도전은 안정감과 위로까지 더해진다.

책 쓰기도 혼자가 아니라 함께 도전해야 한다. 만약 〈책성원〉에 참여하지 않고 오롯이 혼자서 책 쓰기에 도전했다면 많은 난관에 봉착했을 것이다. 시행착오를 거듭하는 기간도 길어졌을 것이다. 〈책성원〉이라는 공간에 우리가 함께하고 있고 내가 거기에 속해 있다는 것 자체가 큰 축복이었다. 삶을 살아가다 보면 혼자라고 느낄 때보다는 함께, 우리라고 생각할 때 마음이 한결 편안하고 위안이 된다. 〈책성원〉 가족 중에는 벌써 개인 저서를 여러 권 출간한 작가도 있다. 아직 공저도 출간하지 못한 예비작가도 있지만, 우리가 〈책성원〉에 함께

하고 있고, 서로 응원하고 있다는 마음만 알아차려도 기운이 난다. 실제로 포기하고 싶다가도 함께하고 있는 작가들의 응원 한마디를 듣고 다시 믿고 일어나게 된다 "인간은 사회적 동물이다"라는 말이 있다. 사람은 개인으로 존재하지만, 혼자서는 살 수 없다. 다른 사람과 상호작용을 통해 관계를 유지해야 한다. 그런 관계 속에서 자신을 확인하는 존재라는 의미이다. 혼자가 아니라 〈책성원〉에 함께하는 '우리'라서 더욱 힘이 난다. 우리가 함께 도전하면 목표에 다다를 수 있는 성공률도 훨씬 높아진다.

〈책성원〉에서 책 쓰기를 하기 위해서는 미션이 있다. 세 가지다. 하나하나가 모두 도전과제들이다. 도전하는 자세와 태도는 생기를 불어넣어 준다. 데일리 미션들을 나열해 보자면 다음과 같다.

첫째, 1일 1꼭지 글을 자판 필사하기

1꼭지 글은 보통 형식에 맞춰 필사하면 A4 2장이나 2장 반 정도면 완성된다. 책 선정은 자유롭다. 자신이 읽고 싶은 책이나 어떤 책이든 상관없다. 단지, 쉬운 책을 권한다. 자판 필사의 목적은 책 쓰기를 기본으로 하기에 베셀 작가가 쓴 것이나 어려운 책은 지양한다. 가능하면 서론, 본론, 결론 기본형식을 갖추고 있으며, 1꼭지가 A4 2장의 길이 정도의 책이 좋다. 그 정도의 길이를 내가 써야 하기에 필사할 때부터 그 정도의 길이를 자판으로 필사한다.

둘째, 필사 후 감상 글 인스타그램에 게시하기

필사하면서 작성한 글에 대한 느낌이나 감상을 글로 표현하는 것이다. 글의 분량은 제한이 없다. 글이 길어도 괜찮고 한 줄로 간단하게 감상 글을 작성해도 무방하다. 인스타그램 게시, 감상 글쓰기는 책 쓰기 형식을 학습하는 데 도움을 준다. 자신의 마음을 글이란 도구를 사용해서 표현하고 드러낸다는 의미도 있다. 우린, 말에는 익숙하지만, 글쓰기는 낯설다. 자신의 마음을 글로 써내는 습관을 기르기 위해 인스타그램에 감상 글을 써낸다.

셋째, 공저 쓰기에 도전해 보고 작가 되기 전 작가 의식 가지기

개인 저서를 바로 시작하기는 쉽지 않다, 몸풀기 없이 시작하다 보면 난제에 많이 부딪혀서 중도에 포기하는 경우가 발생한다. 사전에 몸풀기 훈련하고 연습하는 과정이 공저라고 보면 된다. 공저를 통해 시행착오를 거치고 나면 자신감이 붙을 수 있다. 책 쓰기에 대한 부담감을 줄일 수 있는 최적의 방법이다. 이미 작가라고 상상하고 작가 의식을 가져야 한다. 〈책성원〉에 참여하는 순간, 책 출간 여부와 상관없이 '작가'라는 호칭을 부여한다. 또한, 자판 필사나 인스타그램에 감상 글을 쓰면서 목적의식 없이 써 내려가는 그것보다는 이미 작가라고 상상하고 의식하고 써 내려가면 느낌이나 감정이 진지하고 깊어진다.

우린, 데일리 미션하면서 책 쓰기에 도전 중이다. 데일리 미션 즉, 매일 1꼭지 글을 자판 필사하고 인스타그램에 감상 글쓰기를 하는데, 점점 익숙해지고 즐기게 된다. 즐기는 삶은 누구에게나 로망이다. 공자께서도 논어에서 '아는 것은 좋아하는 것보다 못하고, 좋아하는 것은 즐기는 것보다 못하다'라고 얘기할 만큼 즐거움, 재미는 삶에서 매우 중요한 부분을 차지한다. 재미에 의미까지 부여할 수 있는 삶을 살아갈 수 있다면 그 얼마나 좋겠는가? 여러 삶의 방법이 있겠지만, 그 한 가지가 바로 책 쓰기에 도전하는 삶을 사는 것이라고 말하고 싶다. 말하는 것만이 우리의 의사 표현 방식이었다. 글쓰기가 익숙하지 않아서 그랬다고 생각한다. 책 쓰기 도전을 통해서 우린, 글쓰기에 재미를 느낄 수 있고, 소통의 방법을 하나 더 장착하여 사고와 관계의 폭이 넓어지게 된다. 자판 필사는 쉽게 글쓰기를 시작할 수 있는 비법이다. 처음에는 아무 생각 없이 자판 필사해도 된다. 그렇게 자판 필사하고 감상 글쓰기의 데일리 미션을 수행해 보자. 점점, 글쓰기에 익숙해지고 책 쓰기에도 도전하면서 변화하는 자신을 느껴보시길 바란다.

04

나애정

–

작가 되는 핵심 2가지는 자판 필사와 감상 글쓰기

사람들은 책을 쓰고 싶어한다

"작가님. 안녕하세요. 소중한 인연이 되길 바랍니다."

어느 날 모르는 이름으로 온 메일 하나를 발견했다. 제목도 호기심이 생기게 "인연"이란 단어를 썼다. "인연"이란 단어를 쓴 사람이라면 "인연"을 소중하게 여기는 사람이란 생각이 들었다. 우린, 정말 수많은 인연을 맺으며 살아가고 있다. 좋은 사람을 만난 것 같지만 결국은 좋지 않은 인연으로 마무리가 되기도 하고, 그냥 무덤덤, 특별할 것 없이 시작된 인연이지만, 내 인생에 크나큰 긍정적 변화를 일으키는 인연도 있다. 정말, 인연은 소중하다는 것을 느끼게 된다. 결국, 사람으로 인해 복이 들어오고 내 삶이 변화된다는 것을 시간이 지날수록 깊이 느끼며 살고 있다. 그런 소중한 단어 "인연"을 운운하는 사람이니 더욱 궁금해졌다.

　메일을 열어보니, 내가 출간했던 《내 인생 첫 책 쓰기의 비법은 필사이다》를 읽고 감동하여 메일을 쓰게 되었다는 내용이었다. 그리고 버킷리스트가 책 1권 쓰기라는 사실을 수줍게 표현했다. 현재 군인으로 근무를 서면서 작가의 꿈을 가지고 있는 사람이었다. 아직, 나이도 얼굴도, 모르지만, 직접 메일까지 보낼 정도라면 꿈에 관한 간절함이 크다는 생각이 들었다. 그래서 나는 공저 쓰기 모임인 〈책성원〉에 들어와서 책 쓰기란 꿈의 실현을 위해서 자판 필사와 감상 글쓰기부터 시작해 보라고 권했다. 생각 외로 주변에 책 1권 쓰고자 하는 사람은 많다. 단지 표현을 안 할 뿐이지 의외로 많다. 인생 책 1권을 써 내고 주변 사람들에게 내가 알고 있는 지식과 삶의 지혜들을 공유하고 싶은 욕구를 많은 사람이 가지고 있다는 의미이다. 특히, 책을 읽는 사람들은 자신이 읽는 책처럼 자신도 책을 쓰고 싶다고 열망한다. 책 쓰기에 대한 고정관념을 극복하기만 한다면 얼마든지 책을 쓰는 작가가 될 수 있다고 본다.

　우선, 책을 쓰기 전에 글쓰기에 대한 나의 고정관념을 한번 생각해 봐야 한다. 사람들은 글쓰기를 어렵게 생각하는 경향이 있다. 당연하다. 왜냐하면 긴 글을 쓸 상황이 살아오는 동안 거의 없었기 때문이다. 글 대신에 우린 말하기로 서로 소통하면서 살아가기에 짧은 글은 쓰더라도 긴 글은 거의 쓰지 않고 살고 있다. 그렇기에 긴 글쓰기가 어렵고 편하지 않은 것이 당연하다. 그런데도 글을 쓰고 싶은 것은 글쓰기도 말하기처럼 우리의 자연스러운 표현 욕구이기 때문이다. 말을 누구나 하고 살고 있듯이 글도 누구나 쓰면서 살 수 있다고 나는 생각한다. 나 자신도 긴 글쓰기를 거의 하지 않고 살다가 결심하고 긴 글쓰기의 방법을 몸에 익힌 이후에 긴 글쓰기가 편해지고 쓰기를 소통의 한 수단으로 사용하게 되었다.

진심으로 책을 쓰고 싶다면 우선, 글쓰기 고정관념부터 바로 잡아야 한다. 가장 흔한 글쓰기 고정관념은 글쓰기는 타고난 재능으로 한다는 사고이다. 보통 사람들은 타고 나야지만 글을 잘 쓴다고 생각한다. 이 말은 틀린 말은 아니다. 하지만, 글쓰기의 재능이 소수의 사람에게 국한된 것이 아니라 인간이라면 누구나 글쓰기를 타고났다고 나는 판단한다. 다만, 그것을 발휘할 기회가 없었을 뿐이다. 긴 글쓰기를 말하기처럼 일상으로 한다면, 어느 순간, 어린아이 말문이 열리듯 글 문이 열릴 것이다. 자신에게 그렇게 되도록 기회를 주어야겠다. 글쓰기가 일부 특별한 사람의 전유물쯤으로 여기는 고정관념은 '나는 글 쓰는 능력이 없다. 나는 글쓰기에 젬병이다.'라는 관념을 스스로 가지게 한다. 네빌 고다드는 자신의 관념이 곧 자기 세상이 된다고 했다. 행동과 삶은 생각, 관념, 신념을 넘어설 수가 없다. 글쓰기가 나의 일이 아니라고 한계를 그으니, 글쓰기를 시도하지 않게 되는 것이다. 책 쓰기 시작하려면, 글쓰기에 대한 이런 고정관념부터 벗어날 필요가 있다.

책을 쓰고 싶은 마음이 크지만, 책을 쓰지 못하는 이유가 있다. 그 이유를 제대로 안다면 5년 뒤, 3년 뒤, 돌아오지 않을 그날로 책 쓰기를 미루지는 않을 것이다. 내가 책을 써보니, 책 쓰기는 뒤로 미루지 않고도 쉽게 시작할 수가 있다. 대부분 사람이 책 쓰기를 하고 싶다면서 가장 많이 하는 말들이 이것이다. "5년 후에 나는 책 1권 쓸 거야!" 하지만 그날은 오지 않는다. 5년 뒤가 되어도 그때부터 다시 5년 뒤로 연기한다. 5년 뒤, 3년 뒤란 시간은 당장 책을 쓰지 않아도 되는 왠지 편안함을 주는 시간이다. 이렇게 책 쓰기를 미루는 이유를 자세히 관찰하면, 몇 가지로 말할 수 있다.

첫째, 책 쓰는 방법을 잘 모른다.

시중에 책 쓰기 주제의 책들이 많이 출간되어 있다. 그런 책을 수시로 찾아보면서 책 쓰기에 대한 열망의 감정을 해소할 수가 있다. 하지만, 채워지지 않는 부분이 있다. 그것은 실제 책을 쓰지 못했다는 것이다. 이론은 이론일 뿐이다. 책 쓰기는 수영하는 것과 같다. 수영하는데, 이론만 안다고 수영할 수 있는 것은 아니다. 수영은 직접 물속에 들어가서 손과 발을 움직여 실제 수영을 해야지, 진짜 수영하는 기능을 익힐 수가 있는 것이다. 그렇게 수영을 몸에 익혀야 어느 곳에서든 본인이 하고 싶을 때 수영할 수가 있다. 그런데, 머리로만 아는 수영은 아무 의미가 없다. 책 쓰기도 마찬가지이다. 수많은 책 쓰기 주제의 책을 읽었다고 하더라도 내가 직접 쓰지 않으면 책 쓰기는 꿈으로만 가지고 있어야 한다. 책 쓰기라는 실제적인 방법을 몸에 익혀야 함을, 책을 읽고 난 뒤에 깨닫는다.

둘째, 책 쓰기의 멘토를 찾을 생각을 미처 못 한다.

책 쓰기 이론은 혼자서도 알 수 있지만, 실제 몸에 익히는 과정에는 멘토의 역할이 필요하다. 멘토는 조금 더 일찍 책 쓰는 삶을 살아갈 수 있도록 도와줄 수 있는 사람이다. 다른 기능을 익힐 때처럼, 누군가가 옆에서 내가 책 쓰기의 세계로 잘 들어갈 수 있도록 조언해 주는 사람이 필요하다고 본다. 멘토의 가치를 모른다면 계속 혼자서 책 쓰기 책만 읽다가 끝날 수도 있다. 시간이란 것은 한계가 있어서 더욱 멘토가 필요하다고 본다. 멘토를 스스로 찾아 나서야 하는데, 책을 통해서나 SNS를 통해서 잘 찾아본다면 자신의 여건에 맞는 멘토를 찾을 수 있을 것으로 생각한다.

셋째, '나도 책을 쓸 수 있을까?'라며 자기 자신을 끝까지 의심한다.

멘토를 만나서 책 쓰기를 하나둘 몸에 익혀나가지만, 자신에 대해 의심을 멈추지 않는다면 책 쓰기는 시작도 하기 전에 포기하게 될 것이다. 자신의 삶은 자신이 주체가 되어 만들어진다. 주변 사람이 귀한 조언을 해주어도 그것의 가치를 알지 못하고 실천하지 않는다면 아무런 의미가 없다. 멘토의 존재도, 멘토의 책 쓰기 경험과 노하우도 나에게는 아무 쓸모가 없게 되는 것이다. 항상 감사하는 마음으로 멘토의 한마디 한마디를 소중하게 여기고 그것을 나의 책 쓰기 삶을 만드는데 귀한 자양분으로 사용해야 한다. 가장 중요한 부분은 역시, 자신을 믿는 것이다. 내가 원하는 책 1권 쓰기는 충분히 할 수 있다는 생각을 매 순간 해야 하고 절대 자신을 의심하지 않는 것이 책 출간의 비법임을 강조한다.

넷째, 책 쓰기의 세세한 가치를 또한 모른다.

책을 쓰고 싶지만, 책 쓰기의 구체적인 가치에 대해서 세세히 잘 모를 경우, 어떤 고비가 찾아오면 그만둘까를 심각하게 고민하게 된다. 그러다가 책 쓰기가 흐지부지될 가능성이 높아진다. 책을 써보니, 다양한 가치들이 있었다. 우선, 스스로 성장하고 힐링하는 시스템이 바로 책 쓰기였다. 사람은 성장의 욕구가 있다. 하루하루 더 나아지고 어제보다 좋아진다고 느낀다면 하루하루가 즐겁고 행복하다. 책을 쓰면 그런 성장을 매일 느낄 수 있고 그럼으로써 행복해진다. 또한 힐링한다. 글쓰기가 어쩌면 최고의 힐링이지 않을까 생각해 본다. 그리고 과거의 내 삶을 재료로 글을 쓰기 때문에 과거를 자주 되돌아보면서 현재와 미래를 동시에 설계한다. 나 자신을 더 잘 알게 되고, 내가 하고 싶은 것도 발견한다. 책 1권 출간의 가치는 사람마다 다양하게 발견되는데, 이 또한 가치 있다.

 책을 쓰고 싶은 사람들은 생각 외로 많다. 단지 표현을 안 했을 뿐이지, 내 인생 책 1권으로 펼쳐내고 싶다는 욕망을 어쩌면, 누구나 가지고 있다고 볼 수 있다. 하지만, 여러 가지 장벽 때문에 책 쓰기 실천으로 이어지지 못하고 있는데, 안타깝다. 우선, 글쓰기에 대한 자신의 강력한 고정관념부터 파악하고 그것을 내 머릿속에서 삭제해야겠다. '글쓰기 재능은 타고난다. 나는 불행히도 글 쓰는 재능이 없다. 그래서 나는 글쓰기와는 거리가 멀다.'라는 강한 신념을 내가 가졌는지 스스로 점검해 보자. 신념은 내 삶을 그 신념대로 이끈다. 잘못된 신념을 가지고 있었기에 글쓰기를 시작하는 것이 어려웠다. 이런 신념에서 벗어나야겠다. 글쓰기는 말하기처럼 우리의 타고난 재능이라고 생각하자. 우린, 모두 글쓰기 재능을 타고났다고 생각을 바꾸는 순간, 글쓰기는 말하기처럼 편안해질 것이다. 소통을 위해 말이든 글이든 우린, 자유롭게 사용할 수 있다. 그리고 구체적으로 책을 쓰고 싶다는 마음이 있다면 그동안 내가 책을 못 쓴 진짜 이유에 관해 스스로 정의 내려 보길 바란다. 책 못 쓴, 여러 가지 이유가 있겠지만, 우선, 책 쓰기 멘토를 찾아서 책 쓰기 비법을 배우고 몸에 익혀나가 보시길 권하고 싶다. 그리고 중요한 것 중의 하나가 자신을 의심하지 말라는 것이다. 자기 자신을 믿어야 한다. 믿는 만큼 우린 글도 쓰고 책도 쓰게 될 것이다. 책 1권 쓰기의 버킷리스트, 이제는 버킷리스트가 아닌 우리의 현실이 될 것이다.

필사가 책 쓰기 기본인데, 잘 모른다

하루는 책을 쓰고 싶은데, 좀 도와 줄 수 있는지 질문을 받았다. 그래서 그 사람과 통화를 하게 되었다. 통화를 하니, 그분은 대단한 분이었다. 30년 가까이 군 생활을 했고, 그것도 군대에서 가장 힘들고 고된 곳이라고 소문난 UDT에서 근무했다고 한다. 그리고 유튜버로도 활동하고 있었다. 본인은 자신의 삶을 책으로 쓰고 싶어 했다. 군 생활 중에서 여러 번 죽을 고비를 넘긴 이야기이며, 세월호 당시 시신 수습을 위해 물속으로 들어가서 경험한 일들, 기타 여러 가지 사연을 글로 써서 가족과 지인들에게 책으로 선물하고 싶다고 했다. 그래서 이 작업을 3년 전부터 하고 있다고도 했다. 한참 동안 이야기를 들어보니, 자신이 직접 쓰는 것이 아니라 대필을 원하는 것이었다. 이전에 여작가를 섭외해서 초고를 쓰긴 했는데, 무슨 일인지 일이 틀어져서 돈만 버리고 출간을 못 했다고 한다. 지금 또 출판사를 통해 작가를 소개받아 작업을 했는데, 초고 쓴 것이 별로 마음에 안 들고 그 전에 여자 작가가 쓴 것이 더 마음에 끌린다고도 했다. 지금도 그 여작가의 초고를 가지고 있는데, 이런 상황에서 어떻게 하면 좋을지 조언을 구한다는 내용이었다. 나는 그 이야기를 들으면서 참 안타까웠다. 왜 직접 책을 쓸 생각은 안 하는지 아쉬웠다. 통화하는 것을 봤을 때, 글감도 차고 넘치는 듯했고, 말하는 것을 봤을 때, 책 쓰는 것에 대한 열정과 간절함도 충분했다. 3년 동안 대필 작가로 인해 마음고생했다면 이제는 생각을 바꿀 때가 되었다고 본다. 〈책성원〉에서는 최대 1년만 노력한다면 책 1권 출간을 무리 없이 할 수도 있는데, 참 안타까운 일이었다. 스스로 갇혀 있는 감옥 같은 사고에서 벗어나지 않는다면, 진정으로 책 쓰는 삶으로의 변화는 힘들어지는 것이다. 필사부터 하면 된다. 필사가 책 쓰는 삶을 가능하게 한다고 강조하고 싶다. 보통 사람들이 하찮게 보이는 필사, 남의 글을 베껴 쓰는 것에 대한 가치를 잘 모르기 때문에 책 쓰기의 비법이 바로 필사임을 꿈에도 상상하지 못한다.

필사가 책 쓰기의 기본이다. 책 쓰기를 바라는 사람이라면 이 부분을 꼭 마음에 담고 있어야겠다. 나는 인생 첫 책을 쓸 때, 멘토가 있었지만, 필사의 중요성에 대해서 말해주지 않았다. 서론-본론-결론에 맞춰서 1꼭지를 써보라는 것을 알려줬을 뿐이다. 서론 쓰는 법, 본론 쓰는 법, 결론 쓰는 법, 이 방법도 처음에는 쉽지 않았다. 서론, 본론, 결론, 익히 알고 있지만, 막상 내가 쓰려고 하면, 잘 안되었다. A4 2장이나 2장 반을 서론-본론-결론의 형식에 맞춰서 쓰는 것이니 얼마나 힘들겠는가? 그렇기에 필사가 필요하다. 나는 다행스럽게도 스스로 필사의 가치를 깨닫게 되었다. 간절하면 길을 찾게 된다는 말이 맞다. 본격적으로 책을 쓰기 시작하기 전에 나는 필사를 했었다. 한 2개월 정도 필사했다. 필사를 시작한 동기는 책을 쓰려면 긴 글을 써야 하는데, 자신이 없었다. SNS 글 쓰는 것이라면 짧게 내 마음에 일어나는 마음을 그대로 글로 쓰면 된다. 하지만, 1꼭지 글쓰기는 다르다. 일단, 길게 써야 했고, 꼭지 제목에 맞춰서 나의 사례와 메시지를 찾아서 써야 했다. 꼭지 제목에 맞춰서 글을 써야 하는 것은 SNS 글에서는 하지 않던 방식이었다. SNS에 쓰는 글은 제목 없이 내가 쓰고 싶은 것을 쓰면 되었다. 그래서 SNS 글을 쓴다고 해서 책 쓰기를 위한 꼭지 글을 반드시 잘할 수 있다고 볼 수가 없는 것이다. SNS에 수많은 글을 쓰지만, 출간이 쉽지 않은 이유는 여기에 있었다. 물론, SNS 글을 모아서 책으로 낼 수도 있다. 하지만, 제각각인 소제목을 다시 모아서 정리하는 작업이 필요한데 그것이 만만치 않다. 나는 그 작업이 목차를 만들어서 책을 쓰기 시작하는 것보다는 어쩌면 더 많은 시간이 소요된다고 생각한다. 장점도 있다. 그날그날 글을 쓴 것이니, 글감의 소재는 더 다양하고 생동감 있다. 하지만 다양한 글감이 구슬이라고 했을 때, 이 구슬을 잘 꿰어 책이란 목걸이로 만드는 작업이 그리 호락호락하지 않다는 것이다. 책 쓰기를 마음에 담고 있다면 그저 조금씩 필사부터 하길 강조하고 싶다. 필사를 빨리 시작하면 책 쓰기를 위한 시간을 그만큼 버는 것이다.

필사가 책 쓰기의 기본이라고 말하는 이유가 있다. 책을 쓰고 싶다면, 아래 내용을 참고해서 필사부터 시작하길 권한다. 그 구체적인 내용을 보면 다음과 같다.

첫째, 필사하면서 손가락이 글 쓰는 것에 익숙해진다.

말하는 구강 구조는 따로 있다고 했다. 나의 경험으로 말 잘하는 사람들은 턱이 조금 앞으로 돌출되어 있었다. 주걱턱이라고도 한다. 그런 사람이 말하는데 수월한 구강 구조를 가지게 된다. 손가락도 글 쓰기에 편안한 손가락이 따로 있다. 일단, 자판을 많이 두드려 본 손가락이다. 손가락 모양이 특별한 것은 아니고 자판 경험이 많을수록 손가락은 자판과 익숙해진다는 의미이다. 처음 자판 필사할 때는 자판 치기가 느려서 중간에 포기하고 싶은 생각이 들 수도 있다. 하지만, 항상 처음이 제일 어려운 법, 시간이 지날수록 자판 치는 속도는 점점 빨라진다. 가장 성장의 속도를 잘 보여주는 것이 아마도 자판치는 속도일 것이다. 그렇게 손가락이 글쓰기에 익숙해져야 책 쓸 마음도 먹게 된다. 요즘은 다들 자판으로 책을 쓰니, 일단, 기본은 갖춘 셈이다.

둘째, 필사를 통해서 글 쓰는 것을 몸에 익힌다.

글 쓰는 손가락뿐 아니라 글 쓰는 몸도 글을 쓰기 위해서 미리 준비해야 한다. 운동선수들이 매일 기초훈련을 빠트리지 않는 이유가 어떤 운동을 하더라도 기초 체력이 바탕이 되고 중요하기 때문이다. 수영 선수일지라도 헬스 운동을 한다. 근육이 단련되어야 하기 때문이다. 이 근육이 수영을 잘하게 한다. 배드민턴, 축구, 테니스, 모든 운동이 기초 근육을 키우는 것이 기본이 된다. 글쓰기에서도 이런 것이 필요하다. 기초적인 글 쓰는 몸, 이것은 필사를 통해서 쉽게 만들 수 있다. 매일 필사하면 몸은 자동으로 글 쓰는 몸이 된다.

셋째, 필사하면서 글 쓰는 것이 낯설지 않다.

필사가 나를 글쓰기에 익숙하게 만든다. 사람은 하던 대로 하려는 경향이 있다. 무엇을 하든지, 그 행동은 익숙함으로 편안해지고 자꾸 하게 된다. 관성의 법칙일 수도 있지만, 어찌하였든, 했던 대로 오늘도 내일도 그 행동을 반복하게 된다. 필사를 통해서 자판을 두드려 글 쓰는 행동을 매일 했다면, 자판 치며 글 쓰는 일은 나에게 낯설지 않은 일상이 된다. 글쓰기를 일상으로 만드는 최고의 방법이 바로 자판 필사이다.

넷째, 필사를 통해서 내 마음도 글로 써보고 싶다.

필사는 남의 글을 쓰는 것이다. 남의 글을 오래 쓰다 보면, 내 글도 쓰고 싶어진다. 반드시 이 시점이 찾아온다. 그럴 때, 내 글을 써보는 것이다. 처음에는 잘 안될 것이다. 또다시 필사로 돌아가서 필사를 시작하면 된다. 내 글이든 남의 글이든 그렇게 매일 쓰다 보면, 어느 순간, 내 글도 필사하는 글처럼 길게 쓴다. 그것도 서론-본론-결론의 형식에 맞게 쓰게 될 것이다.

다섯째, 필사하면서 말과 글이 점점 나의 무기가 된다.

필사하면 글쓰기가 말하듯이 쉬워진다. 이것에 대한 기쁨은 말로 표현할 수가 없다. 직장인들에게 이제, 글은 평범한 소통 수단이 되었다. 코로나19 이후에 더욱 이런 사회적 분위기가 형성되었다. 직장인들 외에도 사람들이 글과 친숙해져야 하는 분위기이다. 그러니, 글과 친해지고 익숙해지면 소통력이 좋아질 수가 있다. 그 소통력으로 자꾸 글을 쓰고 싶어진다.

여섯째, 필사하면서 글의 길이가 점점 길어진다.

우린 짧은 글을 쓰고는 살았지만, 긴 글쓰기에는 평상시 자신이 없었다. 필사는 주로 자판으로 길게 쓰기 때문에 필사한 대로 내 글의 길이도 자연스럽게 길어진다. 자꾸 따라서 쓰면, 따라 쓴 대로 글쓰기 몸도 변화한다. 글의 길이가 길어지면 짧은 글도 자유자재로 더 잘 쓴다. 새로운 행복감을 느끼게 될 것이다.

일곱째, 필사가 책 쓰기에 도전장을 던지게 한다.

긴 글쓰기가 점점 만만해지면, "나도 책 한번 써볼까?" 하는 자신감이 고개를 든다. 그때가 바로 책 쓰기를 도전해 볼 때이다. 그런 마음이 생길 때가 바로 찬스이다. 물론, 책 쓰기는 새로운 세계이기에 어렵고 좌절감을 느끼기도 할 것이다. 그런데도 필사의 내공이 있기에 점점 책 쓰기에도 적응해 나간다. 필사를 믿고 앞으로 쭉쭉 필사해 나가며 내 삶도 책으로 옮겨 적을 날이 찾아온다.

필사가 책 쓰기의 기본이다. 사람들은 이 사실을 잘 모른다. 지금 글쓰기 어렵다고 책 쓰기도 내 일이 아니라고 생각하고 포기하려 한다. 지금이 내일과 같을 수는 없다. 오늘 내가 어떤 결단과 행동을 하느냐에 따라 내일은 충분히 변화한다. 가장 하고 싶은 책 쓰기를 지금, 글쓰기가 자신 없고 마음에 안 든다고 포기해서는 안 된다. 누군가에게 내 삶을 대필해 줄 것을 고집해서도 안 된다. 대필해서라도 책을 쓰고 싶다면 그 사람은 책 쓰기에 대한 간절함은 갖춘 사람이다. 책 쓰기에서 간절함은 중요하다. 그만큼 어떤 것을 진심으로 대하란 의미이기에 어떤 고난이 닥쳐오더라도 이겨낼 힘이 있다. 책 쓰고 싶다는 마음이 있다면 우선 필사부터 해라. 필사를 통해서 글 쓰는 몸을 만들고 남의 글을 일상처럼 쓰면서 내 글도 조금씩 써보며 그렇게 글쓰기를 내 삶으로 끌어들이면 직접 나 자신이 책 쓰는 날이 찾아온다. 큰일도 작은 일부터 시작이다. 큰일이 출간이라면 작은 일은 바로 필사라고 강조하고 싶다. 필사가 책 쓰기의 가장 기본임을 이제는 알아채길 바란다.

손 필사 말고 자판 필사해라

〈책성원〉 단톡방은 아침부터 글들이 올라온다. 단톡방은 서로 간의 필사, 글쓰기, 책 쓰기의 소식을 공유하는 플랫폼이다. 이 플랫폼이 조용하면 단톡방의 존재 이유가 사라진다. 어떤 방법으로든 〈책성원〉 가족들이 함께 모인 그 이유를 이루기 위해서 매일 소통이 되어야 한다고 나는 생각했다. 그래서 생각한 것이 미션 수행 후 자기 당일 결과물을 사진 찍어서 올리고 미션 완료에 관한 연서한다는 것이었다.

〈책성원〉 데일리 미션 1031일차
★11.29(금)★ 데일리 미션완성

*데일리 미션

1. 1일 1꼭지 필사 : A4 2장이나 2장 반

2. 필사 후 감상 글 인스타에 적기

*〈책성원〉 작가의 의무 사항

1. 매달 최소 15일 이상 필사.

2. 인스타그램에 감상 글쓰기

3. 가급적 1달에 1회 이상 모임 참석

*연서 표기법 : 이름(앞에는 전체 필사일, 필/감)-뒷 표시는 그달 필사일

1. K 작가(285일차. 필/퇴)-11월, 25일차

2. J 작가(521일차, 필)-11월, 21일차

3. N 작가(301일차, 초)-11월, 11일차

4. C 작가(272일차, 필/감)-11월, 29일차

〈책성원〉 그동안 필사한 날은 1031일이다. 아래 연서 단 작가들의 필사 날짜를 보면, 285일, 521일, 301일, 272일, 등 다양하다. 매일 빠짐없이 필사하는 사람도 있다. 여기서 필사는 자판으로 치는 필사이다. 만약, A4 2장을 손으로 하라고 했다면, 이렇게 오랜 날을 필사할

수 있었을까? 생각한다. 자판 필사였기에 가능했다고 본다. 이런 자판 필사라도 삶의 많은 변화를 일으켰다. 손 필사만 알고 있었던 사람은 자판 필사에 대해서 깊이 곱씹어 봐야 한다.

조정래 작가의 며느리는 시아버지의 책을 손 필사했다고 했다. 인스타그램에서도 손 필사를 하는 캘리그라피를 주기적으로 올리는 사람도 있다. 캘리그라피도 일종의 손 필사와 같다. 손으로 예쁜 글씨를 쓰면서 본인은 손 필사해서 좋고 그것을 보는 사람은 이왕이면 다 홍치마라고 예쁜 글씨체의 명언이 더욱 마음에 와닿았다. 하지만, 그것을 보면서도 나는 캘리그라피를 하고 싶다는 생각은 없다. 그 이유는 한 가지이다. 손으로 쓰기 때문이다. 손은 겉으로 나온 뇌라고 했다. 손을 많이 쓰면 뇌를 많이 쓰는 것과 같은 효과가 나타나서 뇌 발달에도 도움이 된다고 해서 한참 두뇌가 발달하는 초등학생에게 손을 많이 움직이는 활동을 시켰다. 나도 아이들에게 레고를 자주 사주었던 것이 기억난다. 지금은 거의 사라진 가게이지만, 아이들을 어릴 때, 레고 방에도 보냈었다. 한달치를 정기적으로 결재해서 아이들이 다양한 레고를 맞추어보는 경험을 하게 했다. 아이들은 역시 기본적으로 창조적 성향의 소유자인 듯했다. 레고로 못 만드는 것들이 없이 빠르게 잘도 만들었다. 다 손으로 하는 활동이 뇌에 긍정적인 영향을 준다는 믿음 때문에 그 당시 부모들은 아이들을 레고 방에 보내는 것이 유행이었다.

　대부분 사람이 필사에 대한 고정관념이 강하다. 손으로 쓰는 글씨가 세상 어렵게 느껴지기에 필사할 생각을 하지 않는다. 필사는 지금도 예전에도 가치 있고 삶을 변화시키는 활동이라고 익히 알고 있다. 어릴 때는 손을 움직이게 하고 나이가 들어서도 손으로 하는 것은 머리에 더 많이 각인이 된다고 해서 명언이나 고전들을 필사하는 경우가 많았다. 크리스천들도 역시, 성경을 필사한다. 성경의 말씀들을 신자로서 마음에 새기기 위해서이다. 필사의 가치를 모르는 사람은 없지만, 그 방법이 너무 어렵다. 손노동이 되어 필사라는 가치를 우리의 삶으로 가져올 수가 없다. 이것이 손 필사의 최대 단점이다.

　손 필사 대신에 자판 필사를 하면 된다. 왜 손으로만 필사해야 한다고 생각했을까? 아무도 손으로만 필사해야 한다고 강조하진 않았다. 그런데도 사람들의 머릿속에는 필사하면 "손"으로 하는 것을 생각하고 그것을 당연하게 여겼다. 하지만, 자판으로 쳐도 필사가 된다. 필사는 그대로 베껴 쓰는 것이다. 손이든 자판이든, 그 외 어떤 방법이든 책을 베껴 써서 내 삶에 도움이 되게 하면 된다. 어쩌면 자판 치기도 손으로 하는 것이라고 할 수도 있다. 넓은 의미로는 손 필사에 해당한다. 그래도 자판으로 두드려 필사를 한 번 해볼지 생각했던 사람은 거의 없었다. 그동안 손 필사만을 생각했기 때문에 필사의 큰 가치를 우리의 삶으로 가져오지 못했다. 나는 자판 필사를 해보고서야 그 사실을 알게 되었고 지금은 천만다행이라고 생각한다. 손 필사만 고집했기 때문에 그동안 우리가 누리지 못한 삶은 어떤 것이었을까? 한 번쯤 생각해 보면, 더욱 손 필사가 아닌 자판 필사를 해야겠다는 결심을 하게 될 것이라 본다. 자판 필사 대신에 손 필사만을 생각했기에 얻지 못하는 것들이 많았다. 자판 필사를 한다면 얻을 수 있는 효과들은 매우 다양한데, 대표적인 몇 가지는 다음과 같다.

첫째, 자판 필사는 꾸준히 할 수 있고 그 꾸준함으로 얻는 행복감과 안정감이 있다.

자판 필사는 자판으로 그저 두드리기만 하면 되기에 아주 쉽다. 그래서 꾸준히 할 수가 있다는 장점이 있다. 짬짬이 남는 시간에 자판 필사를 할 수 있다. 시작의 장벽이 높지 않기에 일단 시작하면 A4 2장을 금방 필사한다. 자판 필사를 처음 하려 할 때, 자판 두드리는 속도가 느려서 꺼리는 사람이 있다. 이런 사람일지라도 매일 조금씩 자판으로 베껴 쓰다 보면, 자신도 모르게 속도는 빨라진다. 지금, 자판 치기가 느리다고 자판 필사를 못 하는 것은 절대 아니다. 자판 필사하면 매일 꾸준히 할 가능성이 높고, 이것이 묘한 행복감을 안겨다 준다. 자판 필사하는 책이 한 권, 두 권 쌓여갈수록 마음이 안정되는 효과까지 느낄 수 있다. 필사할 때마다 내가 책을 쓴 것 같은 마음에 행복감을 느낀다.

둘째, 깊이 있는 독서의 즐거움을 느낀다.

독서할 때, 눈으로만 뇌를 자극하는 것이 아니라 다양한 감각으로 자극하면 독서의 효과는 2배 이상이 된다. 자판 필사는 시각과 촉각을 활용한 독서법이다. 과거, 우리가 공부할 때 손으로는 쓰고 입으로는 말하면서 암기했었다. 시각, 촉각, 청각의 3가지 감각으로 뇌를 자극하며 공부했기에 점수를 높일 수 있다. 독서도 공부처럼 눈으로만 보지 말고 촉각까지 활용해서 읽기를 권한다. 책 읽는 것이 더욱 재미있고 마음에 깊이 남는다. 독서의 즐거움을 새록새록 느끼게 된다.

셋째, 마음을 진정시키는 최고의 비법이 바로 자판 필사이다.

자판 필사는 아무 생각 없이 필사에만 집중할 수 있다. 일이 잘 풀리지 않거나 뭔가 복잡한 일이 있을 때, 오히려 신체를 움직이라고 했다. 나는 그럴 때, 청소를 하거나 집 정리를 하는 경우가 종종 있는데, 단순한 그런 행동이 마음을 진정시키는 효과가 있다. 자판 필사도 마찬가지이다. 자판 필사도 필사하는데 몰입하게 하여, 부정적인 감정이 가라앉고 마음에 평안이 찾아온다.

넷째, '나도 책 쓰기 도전해 볼까?' 하는 마음이 서서히 생긴다.

자판 필사를 하는 것은 그래도 글쓰기와 가까워지는 행동이다. 남의 글이라도 글을 자주 쓴다는 것은 글쓰기의 재능이 조금씩 발달한다는 의미이기도 하다. 점점 글쓰기가 만만해지면서 내 책도 한 번 써볼까? 하는 도전정신이 생긴다. 필사하면서 생기는 자신도 예측하지 못한 건강한 도전 욕구이다. 책 쓰기, 나도 할 수 있다는 마음으로 조만간 시작하게 될 것이다.

다섯째, 주변 것들에 덜 흔들리고 소신있게 살아가게 된다.
자판 필사할 때마다 유명인들의 귀한 삶의 조언을 내 마음에 차곡차곡 쌓게 된다. 이것은 정말 놀라운 삶의 변화로 이어진다. 그전에는 세상일에 많이 흔들리고 아파했다면 명언으로 무장하고 난 뒤에는 다사다난한 세상일에 중심을 잡고 살아가는 힘이 강해졌다. 자판 필사는 책 읽기와 책 쓰기, 2가지 토끼를 동시에 잡는 활동임을 인지하게 되면서 마음이 단단해지고 책 쓰기에도 도전하고자 하는 마음을 간직한 채, 기회가 된다면 금방 책 쓰는 삶으로 태도를 바꾸게 될 것이다. 쉽게 시작한 자판 필사로 인해 놀라운 변화들이 생겨 스스로 놀라워할 것이다.

손 필사 말고 이제 자판 필사를 해보길 강조한다. 자판 필사는 가볍게 할 수 있는 필사라서 그 가치를 의심할 수도 있다. 하지만, 경험으로 손 필사나 자판 필사는 그 효과 면에서 비슷했다. 오히려 손 필사에는 없는 놀라운 가치들이 자판 필사에 숨겨져 있었다. 그것은 바로 글쓰기에 대한 능력의 변화이다. 어디에서 이런 능력을 키울 수 있겠는가? 매일 20~30분 정도 시간을 투자해서 자판 필사를 한다면 독서는 물론 글쓰기의 능력까지 좋아지니, 이것에 대해서 인지하고 자판 필사를 실천하길 권한다. 손 필사의 부수적인 효과가 무엇이 있을까? 역시 명언을 가슴에 새기고 그 명언대로 삶을 긍정적으로 변화시킨다는 것일 것이다. 맞다. 하지만 손 필사의 벽이 너무 높다. 손 필사를 꾸준히 평생 할 수 있는 사람은 많지 않을 것이다. 하지만, 자판 필사는 쉽기 때문에 평생 할 수 있다. 자판 필사의 효과를 피부로 느낀 사람은 더욱 열심히 하게 된다. 자판 필사를 함으로써 얻는 소중한 가치들을 명확히 정리해서 인지해 보고, 자판 필사를 내 삶으로 가져와 일상으로 만들길 응원한다.

책을 쓰려면 자판 필사해야 하는 진짜 이유

나는 현재 보건교사라는 직업을 가지고 있다. 보건교사하면 대부분 사람이 부러워할 직업이라고 말한다. "딸을 낳으면 보건교사를 시키고 아들을 낳으면 행정실장을 시키고 싶다."라는 우스갯소리가 있을 정도이다. 보건교사가 그만큼 좋아 보이고 행정실장이 행정실의 장으로서 부러워 보인다는 의미일 것이다. 하지만, 사실은 아니다. 행정실장에 대해서는 내가 잘 모른다. 그래서 논할 주제는 아닌 듯하고 보건교사는 나의 직업이니 확실히 이야기할 수 있을 것 같다. 보건교사라는 직업은 편안하고 우아해 보이는 외적인 모습과 달리 사실은 고되고 힘들고 외로운 때가 많은 직업이다. 물론 좋은 면도 있지만, 학교에서 혼자이기에 감수해야 할 일들이 있다. 때론 상처가 되기도 하고 여러모로 힘든 부분이 있다. 그래서 중간에 명퇴하는 보건교사도 있다. 코로나19 시기에는 많은 보건교사가 힘들어했었다.

  보건교사로서 근무서다 보면 자신도 모르게 자신감이 떨어질 때가 있다. 내가 보건교사에 대한 스스로 평가를 고되고 힘들다고 한 이유는 보건교사는 항상 긴장해서 응급을 기다려야 한다는 점이다. 언제 어느 때 위급한 환자가 발생할지 모른다. 잠시 화장실을 가더라도 핸드폰을 꼭 챙겨간다. 보통은 보건교사가 보건실에 없을 때 학생은 조용히 기다리고 있다가 처치를 받고 교실로 복귀하는 경우가 대부분이다. 하지만, 가끔 자리를 비운 사이에 불상사가 발생할 수도 있다. 그래서, 응급 대기에 대한 중압감이 크다. 하지만 일반교사들은 의료인인 보건교사의 이런 심정을 속속들이 모르고 여유롭게만 생각한다. 보건실에 편안하게 앉아 있는 것처럼 보이지만, 마음속은 항상 긴장하고 있다는 사실을 모르는 것이다. 일반교사들을 식사 후 운동장에서 산책하면서 담소를 나누며 건강을 챙길 여유가 다소 있다. 하지만, 보건교사에겐 점심시간에 잠깐 산책하는 것도 부담된다. 언제 어느 때, 위급한 상황이 발생할지 모르니, 보건실에 껌딱지처럼 붙어있어야 한다. 중간중간 코로나19 같은 팬데믹 감염 상황이 발생하면, 그것은 그것대로 학교 감염병 예방과 확산 방지를 위해 노력해야 한다. 이것은 보건교사가 해야 할 당연한 일이지만, 혼자서는 해결하지 못할 업무이기에 함께 대응해야 학교를 지켜낼 수가 있는 것이다. 보건교사가 외롭다고 말하는 이유는 일반교사가 보건교사의 업무를 잘 모르기에 그만큼 공감대 형성이 어려운 부분이 있기 때문이다. 그저, 넓은 보건실에서 혼자서 편안하게 있다고만 생각하는 교직원도 있다. 수업하는 사람만이 교사가 아니다. 학교의 특수분야를 맡는 사람들도 교사의 직분을 가지고 있다. 환자를 처치하고 학교의 건강을 지키기 위해 항상 긴장하면서 일하는 보건교사가 얼마나 힘들고 고달플까? 라고 한 번쯤 생각하는 교직원들이 있을까 싶다. 거기에서 외롭다는 생각을 보건교사들은 한다. 관리자들에게 학교 건강을 위해 설명하고 이해를 구해야 하는 때도 있다. 학교의 건강은 결코 보건교사 혼자서 감당할 수 있는 것이 아니다. 함께 노력해야지 건강한 학교에서 건강하게 학생들이 교육받을 수 있다는 것을 기억해야 한다. 보건교사에 대한 잘못된 인식을 가진 교사들이 많을수록 보건교사는 일하기 힘들어지고 인간이기에 자신감마저 떨어진다. 자신감이 떨어지고 하루 이틀 반복적으로 상처받게 되면 보건교사의 삶은 물론이거니와 보건교사 개인의 삶도 흔들리게 된다. 무엇을 하든지 자신감 장착은 기본이다. 자신감을 가지고 한다면 일의 반은 이룬 것이나 마찬가지라고 생각한다.

나는 인생 첫 책을 쓸 때, 매일 자판 필사를 했었다. 지금은 필사 대신에 내 글을 쓰고 있다. 그 분량은 자판 필사할 때처럼 책 쓰기의 가장 기본 분량인 1꼭지 분량이다. 이것은 A4 2장이나 2장 반을 말한다. 자판 필사를 하면서 글쓰기 능력의 변화들이 내 안에서 일어난다는 것을 깨달았다. 나는 2달 동안 자판 필사를 했는데, 1달이 지날 때는 자판으로 글쓰기 하는 것이 어색하지 않았고 자연스러운 일상사처럼 느껴졌다. 오히려 자판을 두드려 필사하지 않으면 뭔가 중요한 것을 빠트린 것처럼 느껴졌었다. 노트북을 펴서, 필사할 책을 준비해서 책꽂이에 받치고 필사를 시작하면 그제야 내 마음은 편안하게 안식을 찾았다. 보통 습관 형성은 3주라고 했다. 사실, 3주는 조금 짧은 듯하다. 최소 2달이나 3달 정도가 되면 그것은 완전히 습관으로 굳어진다. 필사도 책 쓰기 전에 1달이나 2달 하면 좋을 것이다. 또한 책 쓰면서 1꼭지 초고 쓰기가 잘 안된다면 다시 필사로 돌아가서 자판 필사를 하고 그 뒤에 자신의 글을 쓰면 효과가 있다. 그래서 책 쓰기 전과 중간에 최소 3개월 이상 매일 자판 필사한다면 책 쓰기 방법이 뒤엉켜 길을 잃을지라도 몸이 그 방법을 기억하고 내 글을 써 내려갈 것이다. 지금도 내 글을 필사하듯이 자판으로 두드린다. 몸이 1꼭지 쓰는 법을 기억하고 나에게 주어진 시간 내에 1꼭지 글을 쓸 수 있게 한다.

자판 필사를 매일 하다 보면 글쓰기에 자신감이 생긴다. 우리가 예전에 글쓰기를 해보겠다고 생각하지 못했던 이유는 자신감이 부족해서였다. 자신감을 가지면 무엇이든지 50% 달성한 것이나 마찬가지이다. 그만큼 자신감은 우리가 어떤 일을 시작하는데, 중요한 역할을 한다. 책 쓰기도 사실, 처음부터 누가 책을 쓸 수 있겠다고 생각하겠는가? 유명인이거나 전문인일지라도 책을 쓸 수 있다고 생각하지 못한다. 자신이 아무리 유명하더라도 책 쓰기는 자신이 아는 영역이 아니기 때문이다. 또한 글쓰기에 대해서 저마다 콤플렉스를 가지고 있다고 본다. 특히, 우리나라의 사람들은 글쓰기에 대한 콤플렉스가 더 심하다. 그럴 수밖에 없다. 객관식 위주의 평가 환경 속에서 12년 이상의 긴 시간을 교육받았기에 주관식으로 쓰는 글은 계발이 덜 되었다고 볼 수가 있다. 학교 교육방식이 그러니, 일반적인 삶에서도 글쓰기에 대한 가치를 잘 모르고, 삶에 활용도 하지 않고 살아왔다. 하지만, 지금은 세상이 달라졌다. 학교 시험방식도 수행평가의 영역이 넓어지면서 수행평가의 주 평가 수단인 글쓰기를 중요하게 생각하게 되었다. 나는 아이들에게 3문장 글쓰기와 필사한 것을 가족 단톡방에 올리라고 한다. 그것은 아이들에게 글쓰기 능력을 조금이나마 키워주고 싶은 간절한 마음에서 시작했다. 자판 필사를 할수록 글쓰기에 대해서 만만해지기 때문에 만만한 그 감정으로 인해 자신감이 자연스럽게 생겨난다. 책을 쓰려는 사람에겐 이 자신감을 위해서 자판 필사해야 한다고 말하고 싶다.

　나는 현재 주말마다 노트북을 펼치고 글을 쓴다. 자판 필사이든지,

내 글이든 매일 자판을 두드리고 있다. 이것이 자연스러운 나의 주말 모습이고 주중에는 이른 새벽 시간의 내 모습이다. 노트북을 켜고 먼저, 내가 출간한 책의 온라인 서점 판매 지수부터 확인해 본다. 온라인 서점에 따라서 판매 지수가 표시 안 되는 곳도 있다. 주로 나는 예스24, 알라딘을 확인한다. 주말인 오늘 아침, 온라인 서점에 들어가 보니, 얼마 전에 출간한 《남의 글을 먼저 써야 내 글도 씁니다》 필사 북이 판매 지수가 조금 더 올랐다. 기분 좋은 마음으로 자판 필사부터 시작해 보았다. 새롭게 시작하는 공저 주제가 "자판 필사"였기에 나는 다시 필사를 시작하고 있다. 사실, 필사 대신에 내 글 위주로 지금은 쓰고 있다. 쓰기 시작하는 책 주제가 필사일 때는 다시 필사를 시작한다. 내가 경험하지 않는 것을 사례로 쓸 수는 없기 때문이다. 물론, 과거에는 필사했지만 좀 더 생생한 사례를 넣어서 글을 쓰기 위해 필사해야 한다고 생각하고 있다. 고전을 필사하기도 하고 나의 필사 북을 필사하기도 한다. 필사하면서 새로운 아이디어가 생긴다. 역시 자판 필사는 대단하다. 자판 필사를 알고 모르고가 책 쓰는 삶을 살게 될지 말지를 결정한다. 그런 생각을 하면서 필사했다.

  자판 필사를 하면 놀라운 사실 하나를 발견하게 된다. 그것은 바로 책 쓰는 삶의 시각화이다. 작가의 모습은 매일 일정한 시간에 노트북을 펼쳐서 글을 쓰는 것이다. 전업 작가인 경우, 거의 이런 삶이 생활화되어 있을 것이다. 직장인인 나도 일정한 시간에 글을 쓴다. 주중에는 아침에 일어나서 간단히 집안일을 하고 난 후 1시간이나 1시간 30분 정도 책을 쓴다. 주말은 직장인에게 중요한 책 쓰는 시간이 된다. 주말이 있기에 나는 직장 다니면서 책을 꾸준히 쓸 수 있다고 생각한다. 주말은 책 쓰기에 있어서 가장 좋은 시간대이다. 이른 주말 아침, 식탁에서 노트북을 펼쳐놓고 나는 무한한 상상의 나래를 편다. 모든 것들이 뇌에서 뿜어져 나와서 다양한 활동을 깊이 있게 한다. 물론, 1꼭지 글도 쓴다. 오늘 아침에는 2꼭지 쓰기를 목표로 세워봤다. 물론, 필사북으로 자판 필사도 했다. 이런 삶을 살면서 나는 작가의 삶을 점점 더 명확하게 시각화한다. 나도 모르게 이런 내 삶의 모습이 앞으로도 계속 이어질 삶으로 여겨진다. 책을 출간하기 전의 예비작가도 매일 노트북을 펼치고 자판 필사한다면 작가의 삶을 시각화하게 된다. 시각화, 이것처럼 책 쓰기란 꿈을 내 현실로 만들어 가는 방법도 없을 것이라고 나는 생각한다.

책을 쓰고자 한다면, 자판 필사부터 하길 바란다. 나 역시, 자판 필사를 함으로써 내 인생 첫 책을 썼기 때문에 확신을 가지고 권할 수 있다. 글이라고는 써보지 않고 인생 첫 책을 쓰게 되었는데, 내가 할 수 있는 책 쓰는 비법은 바로 출간한 책을 펼쳐 남의 글을 그대로 따라서 자판을 두드리는 것이었다. 손으로 하는 필사는 그 많은 양을 베껴 쓰는 것이 엄두가 나지 않았다. 그래서 자판으로 두드리기 시작했다. 필사를 손으로만 해야 한다는 고정관념을 가볍게 뛰어넘을 수 있었던 이유는 바로 책을 써내야 했던 그때의 간절함 때문이었다. 이미 책은 쓰겠다고 만천하에 선포한 이후이니, 이제 뒤로 돌아설 길도 없었다. 그래서 자판 필사를 시작하게 된 것이었다. 그런데, 그것이 신의 한 수였다. 그것은 나에게 행운이었다. 자판 필사는 글쓰기에 대한 자신감을 심어주었고, 한 달이고 2달이고 작가처럼 노트북으로 필사하다 보니, 이것이 내 현재와 미래 삶이란 확신이 들었다. 그것이 바로 시각화였다. 나는 자판 필사하면서 책 쓰는 내 삶을 시각화한 것이다. '자판 필사하면 책 쓰기 자신감이 생긴다고?', '책 쓰기가 그렇게 좋아?', '책을 쓰면 제대로 성장하고 힐링한다고?', '책을 쓰면 글도 점점 잘 쓰게 된다고?' 이런 궁금증이 생긴다면, 자판 필사부터 직접 해보길 권한다. 하루, 이틀만 해봐도 느낄 수 있다. 시각화로 자신감을 장착하고 멋지게 책 쓰기도 성공하게 될 것이다.

〈책성원〉에서는 모두 작가다

새로운 공저 쓰기를 시작했다. 나는 항상 공저에 참석한다. 그렇게 하는 이유는 아무래도 기성작가가 한 명 들어가면 그 원고는 기성작가의 원고가 되기 때문이다. 출판사에서도 호의적으로 원고를 대할 수 있다. 아무래도 출판사도 사업체이기에 최대한 이익을 낼 수 있는 원고를 선호한다. 신인 작가의 원고보다는 그래도 출간 경험이 한 번이라도 있는 기성작가의 원고가 안심될 것이다. 투고와 계약까지 일사천리의 진행을 위해 나는 인생 첫 책 쓰기를 시도하는 다른 작가와 함께 그들을 도우면서 나는 공저 쓰기를 한다. 이번 공저는 2개의 팀이다. 아침부터 야무진 하루 계획을 노트에 우선 적어보았다.

꼭지 글쓰기 1 : 09:32~10:32 (   )

꼭지 글쓰기 2 : 10:35~12:00 (   )

아침, 꼭지 글 쓰기 2개를 목표로 세웠다. 이렇게 기록하는 이유는 기록을 하면 실천력이 올라가기 때문이다. 목표를 명확히 하면 그 목표를 달성할 확률이 높아지는데, 기록이 목표를 더욱 명확하게 한다. 그래서 나는 매일 아침, 해야 할 목표치를 기록하고 하루를 시작한다. 공저를 2팀으로 진행하기로 했고 한 팀당 4명씩이니, 예비 작가들은 9꼭지씩 쓰면 되고 나는 2팀에 다 참석하니, 18꼭지를 써야 한다. 나는 공저만 쓰는 것이 아니다. 쓰고 있는 개인 저서도 있다. 나는 내가 쓰고 싶은 주제로 꾸준히 쓰고 있다. 그러니, 공저까지 함께 쓰려면 시간이 부족하다. 공저의 주제는 주로 쓰던 주제가 많아서 하루 2꼭지 쓰기를 목표로 하고 있다. 토, 일, 오전에 2꼭지씩 쓰면, 1주일이면 4꼭지 정도 쓰게 되고 2주면 8꼭지, 조금 더 속도를 내면 1달이면 18꼭지를 써낼 수 있다. 나뿐 아니라 다른 예비작가도 공저 쓸 때, 바짝 에너지를 모아서 집중한다. 이렇게 쓰다 보니 〈책성원〉에서는 대부분 출간한다. 사실, 나는 〈책성원〉의 모든 예비작가가 실제 작가가 되도록 하는 것을 목표로 삼고 있다. 생각대로 삶은 흘러간다고 했듯이, 내가 그런 마음으로 공저 쓰기를 동참하니 자연스럽게 〈책성원〉 예비작가는 공저를 써서, 실제 작가가 되었다.

나는 2주에 한 번씩 모임을 준비한다. 모임은 책 쓰기 모임이다. 나의 책 쓰기 경험과 비법을 강의해서 공유한다. 사실, 2주에 한 번씩 모임을 준비하는 것이 번거로울 때도 있다. 한번, 준비하는데, 최소 4~5시간씩은 투자해야 한다. 개인적으로 시간을 많이 뺏긴다. 그렇게 하는 것이 이제, 당연하게 생각하는 예비 작가들을 보면, '참, 세상이 내 마음 같지 않구나.' 하는 생각이 들 때도 있지만 그 마음은 잠시뿐이다. 묵묵히 모임을 준비하고 주최하는 이유는 이런 온라인 모임이 책 쓰기의 동기부여에 탁월한 효과가 있기 때문이다. 모임에서는 나의 강의가 중요한 부분이긴 하지만, 그 외, 다른 작가들의 글 쓰는 삶을 서로 엿볼 수 있어서 유익하다. 상호 필사하고 글 쓰고 책 쓰는 일상을 공유하고 그 이야기를 주거니 받거니 하다 보면, 자신도 모르게 책 쓰는 삶에 대한 열정이 더 강하게 생긴다. 그리고 유용한 책 쓰기 팁을 얻게도 되어, 책 쓰기에 도움이 된다. 책을 쓰는 사람들에게는 꼭 모임에 참석해서 정서적인 위안과 힘을 받으라고 나는 강조한다. 내가 그동안 경험한 바로는 모임에 열심히 참석하는 사람치고 책을 출간하지 않은 사람이 없었다. 물론, 모임 참석 플러스 필사, 꼭지 글쓰기도 당연히 중요하겠다. 모임에 참석하면, 웬만하면 동기부여의 자극을 받으니, 필사하고 꼭지 글쓰기도 더 열심히 한다. 멀리 가려면 함께 가야 한다는 말이 있는데, 딱 맞는 말이라고 생각한다. 책 쓰기에서는 더욱 함께 써야 인생 첫 책도 쓰고, 책 쓰는 삶도 살아갈 수 있는 것이다.

　모임에서는 개인사도 공유하고 문제가 있다면 문제의 해결점을 함께 찾기도 한다. 책을 쓸 때, 유독 특별한 일이 많이 생기는 것 같은 느낌이 든다. 작가가 되기 위해서는 작가의 그릇이 만들어져야 하는데 시련이 닥쳐왔을 때 작가 그릇이 되도록 세상이 나를 단련시키려는 것으로 여기면 된다. 내가 인생 첫 책을 쓸 때도 아이들은 초등학생 저학년으로 겨울 방학 기간이었다. 초등 저학년이면 일도 많고 탈도 많을 시기이다. 아이들은 "엄마" 찾기를 밥 먹듯이 했다. 그런데도 주말만은 아이들을 아빠에게 맡겼다. 염려되는 점이 한둘이 아녔지만, 오히려 아빠와 아이들이 가깝게 친해지는 기회라고 생각하고 믿고 맡겼고 나는 독서실로 가서 초고를 썼었다. 아이와 아빠는 처음에 실수도 있지만, 아이는 아빠를 아빠는 아이를 알아가는 귀한 시간이 되었다. 아빠는 아이에게 요리도 해주었고, 아이는 아빠의 요리를 먹으면서 평상시 엄마의 맛난 음식을 새삼 감사하게 생각하는 듯했다. 또한 아빠의 요리가 100% 입맛에 맞지 않더라도, 사랑과 정을 느끼며 맛나게 먹었다. 이런 나의 책 쓰기 경험 이야기는 현재 비슷한 상황 속에서 책을 쓰는 예비 작가에게 도움이 되었다고 생각할 것이다. 독서실에 가서 책을 썼다는 이야기는 공부하는 것도 아니지만 독서실로 가서 목표한 꼭지 글을 쓸 수 있겠구나! 하는 책 쓰기 팁도 얻었다고 이야기했다. 단, 독서실은 방음 되는 독서실이어야겠다. 자판 치는 소리가 옆에 사람에게 방해가 되면 안 되기에 방음실로 등록하면 된다.

책을 쓸 때, 스스로 동기 부여해서 출간할 때까지 그 열정을 유지하는 것이 중요하다. 보건교사들의 〈전학공〉에서 책 쓰기를 진행한 적이 있었다. 기존 운영되고 있던 〈전학공〉 모임에 나는 책 쓰기 강사로 참석했다. 〈전학공〉은 '전문적 학습 공동체'의 줄임말로 큰 금액은 아니지만, 공식적인 지원금을 받아서 교사들의 전문적 역량을 키우는 모임이다. 책을 쓰게 된 보건교사들은 참 운이 좋다고 생각하면서 나의 책 쓰기 경험과 노하우들을 모두 알려주었다. 그렇게 공저 쓰기를 진행했다. 하지만, 끝까지 가지 못하고 중간에 공저 쓰기가 무산되었다. 그 원인을 곰곰이 생각해 보면, 동료이지만 작가인 나의 코칭을 있는 그대로 받아들이지 못하고 자신들의 생각들을 더 주장했기에 결국 배가 바다가 아닌 산으로 갔다고 본다. 책 쓰기는 새로운 세상일 것이다. 먼저 간 사람의 의견을 참고해야지 공저라는 출간이 완성될 수 있지만, 그렇지 못했다. 〈전학공〉 회원들의 목표도 어쩌면 출간이 목표가 아니었을 것이란 생각이 들었다. 그냥 소소하게 문집 정도를 만들 생각으로 시작한 것인듯하다. 여기에서는 또 하나 생각할 수 있는 것이 작가의 의식이다. 작가의 의식이 없으면 작가가 되기 어렵다. 책 쓰기에서도 의식이 가장 기본이고 핵심이라고 할 수 있다. '내가 감히 작가가 되겠어?'라는 의심의 마음이 은연중에 자리했었고, 그것을 버리지 못했기에 원하는 결과를 얻지 못했다. 그리고 출간이란 목표를 향해 스스로 동기부여를 했었어야 했는데, 그것 또한 약했다. 기존 〈전학공〉 모임에서 책 쓰기를 도전한 것은 잘한 일이지만, 기존 모임의 분위기를 바꾸고 출간이란 목표를 향해 새롭게 세팅했었어야 했는데, 그렇지 못했다는 것이 아쉽다. 밖에 있는 사람이 안의 문제를 더 잘 볼 수도 있다는 점을 참고해서 더 성장하는 모임이 되길 기대해 본다. 그리고, 나와 함께 하는 책 쓰기는 무산되었지만, 기존의 멤버들끼리 책 쓰기를 포기하지 말고 좋은 공저를 출간하길 바랄 뿐이다.

  책을 쓸 때 스스로 동기 부여하는 방법으로 2가지를 권하고 싶다. 하나는 책 쓰기의 모임 참석이다. 닭장에 독수리알이 떨어져 닭은 병아리와 함께 독수리알을 부화했는데, 그 독수리는 병아리처럼 모이를 쪼아 먹고 물을 마시며 자라났다가 어느날 하늘을 나는 위풍당당한 독수리를 보고 잠시 그 독수리처럼 되고 싶다는 꿈을 꾸었다고 한다. 그때, 닭이 "무슨 소리냐? 닭은 닭처럼 사는 거지, 하늘을 날 수도 없다."라고 엄마 닭이 일침을 놓았고, 독수리는 멋진 독수리의 꿈을 접고 평생 닭처럼 살다가 늙어서 죽었다고 한다. 여기에서 나오는 독수리처럼, 사람도 주변 환경의 지배를 받는다. 내가 출간이 목표라면 출간한 작가들과 자주 얼굴 보고 이야기를 나누어야 한다. 경험상 2

주에 한 번씩을 보더라도 그것은 효과적이다. 한 달이면 2번이다. 비록 온라인상이라도 실시간 소통이 가능하기에 생생한 만남을 가질 수 있고, 책 쓰기에 대해서 많은 이야기를 나누고 동기부여 받을 수 있다. 만난 횟수가 많아질수록, 이미 책을 쓴 작가의 모습이 내 미래의 모습처럼 느껴지고 만남 자체가 꿈의 시각화이기에 출간이란 현실은 더 빨리 다가오게 된다. 그리고 또 하나 스스로 동기부여 하는 법은 단톡방에서 활발한 활동을 하는 것이다. 단톡방에서도 있는 듯 없는 듯한 사람이 있다. 자신을 드러내지 않으면 결국, 드러나지 않은 삶이 될 뿐이다. 누군가가 글을 쓴다면, 그 글을 읽어보고 나의 감상을 올려주기도 해보자. 그것이 내 마음을 표현하는 연습이고 글 쓰는 연습이 된다. 답글을 올리는 수고스러움이 있지만 그런 수고스러움이 나에게 보상을 해준다. 책을 세상에 출간할 때까지 스스로 동기부여 한다면, 원하는 대로 출간은 반드시 나의 현실이 될 것이다.

〈책성원〉 작가의 대부분이 실제 작가이다. 이 점은 참 놀랍고도 신기할 정도다. 〈책성원〉에 들어오면 그 분위기에 자신도 동화되어 책을 쓰게 된다. 그래서 구성원 대부분이 현재 작가이다. 현재, 총 16명 정도 있는데, 이 중에서 11명이 책을 출간했다. 나머지 5명 중에서도 이번, 공저 쓰기에 도전하는 사람이 몇 명 있다. 중간에 포기만 하지 않는다면 〈책성원〉의 출간한 작가의 수는 더 늘어난다. 단톡방에 존재만 하는 예비작가도 있다. 몸이 아프거나 상황이 여의찮아 그냥 지켜만 보고 있는 작가들이다. 하지만, 그들도 조만간에 책 쓰기에 도전장을 던져볼 것으로 생각해 본다. 아무것도 하지 않는다면 아무 일도 일어나지 않는다고 하지 않던가? 그동안 단톡방에서 지켜보아 온 대로 다른 작가가 하는 방식대로 자판 필사부터 하면서 시작해 보길 권한다. 자판으로 치는 필사, 세상에서 어쩌면 가장 쉬운 방법이다. 자판만 칠 수 있다면 누구나 할 수 있는 방식이 자판 필사이다. 책 쓰기의 시작이 자판 필사라는 사실이 정말 다행스러운 것이다. 어렵게만 느껴졌던 책 쓰기를 세상 쉬운 자판 필사로 시작할 수 있으니, 이 사실을 안다면 너도나도 실천할 것이다. 시작하고 출간할 때까지 스스로 동기 부여하면 되는데, 그 방법이 바로 온라인 모임 참석과 단톡방 활동이다. 모임 참석과 단톡방 활동은 강제성이 전혀 없다. 하지만, 책 쓰기에 성공하는데, 결정적인 요소가 될 수 있다. 책 쓰기를 위한 온라인 만남이 때론 귀찮을 수도 있고, 별 가치가 없게 느껴질 수도 있지만, 절대 그렇지가 않다. 자주 보는 사람을 우리는 닮아간다. 출간할 때까지 모임 참석과 단톡방의 왕성한 활동을 응원한다. 책을 출간해 보면, 책 쓰기의 가치를 절절히 느끼게 될 것이다.

작가 되는 핵심 2가지는 자판 필사와 감상 글쓰기

어제 무리한 탓인지 아침 1꼭지를 쓰고 나서 졸음이 쏟아졌다. 하지만, 참았다. 일요일인 오늘 목표치는 꼭지 글 2개 쓰기였기 때문이다. 문제는 글쓰기는 참아서 되는 것이 아니라는 사실. 정말 쓰고 싶어서 쓰고, 내 마음을 다해서 써야 진짜 글이 된다는 것을 알기에 잠시 참다가 과감히 침대로 가서 잠을 청했다. 머리를 눕히자마자 꿈나라로 떨어지는 느낌이었다. 하지만, 중간중간 계속 전화가 왔다.

"엄마, 나 배고파. 점심시간에 오기로 했잖아. 못 올 것 같으면 만 원 보내세요."

"어, 그래. 미안해, 엄마가 딸 공부하는데, 도서관 가려고 했는데, 엄마가 너무 피곤해서 쉬고 있었다. 미안해, 돈 보낼 테니, 맛난 것 사서 먹어라."

잠시 있으니, 친정엄마한테 전화가 또 왔다.
"이 서방, 차 가지고 온 김에 반찬 이것저것 보낸다."
"네, 엄마, 알겠어요. 고마워요. 잘 먹을게요."

자는 둥, 마는 둥 하고 다시 일어나서 꼭지 글을 쓰기 위해 앉았다. 무슨 말부터 꺼낼까? 생각하다가 오늘 나의 이야기를 먼저 적어본다. 이렇게까지 내가 꼭지 글을 쓰려고 노력하는 이유는 다른 것이 아니라 책 쓰는 이 일이 나에게 소중한 일이 되었기 때문이다. 몸은 바쁘고 고되지만, 책을 쓰고 있기에 많은 다양한 일들을 잘 해낸다고 생각한다. 늦은 나이의 결혼, 아이들은 이제 중학생이 되었고 나는 학부모의 역할을 한다. 거기에다가 직장인, 책 쓰기 멘토, 기타 다양한 일들이 내가 하는 일이다. 그래도 좋다. 내가 많은 일을 하는 만큼, 글감 부자가 되어 책도 계속 쓴다. 일인 다역을 하면서도 책을 꾸준히 쓰는 가장 큰 이유는 책 쓰기를 통해서 내면적으로 강해지고 계속 성장하며 힐링하기 때문일 것이다. 나는 자주 배드민턴을 치면서 사람들과 "하하 호호" 웃으며 경기하고 스트레스도 풀고 삶의 에너지도 얻고 있지만, 그래도 책 쓰기가 최고라고 생각한다. 마음 맞는 사람들과 함께 어울릴 때는 누구나 즐겁다. 하지만, 혼자 있을 때, 뭔가 즐거운 일이 있어야 한다. 책 쓰기가 혼자 있을 때, 나를 즐겁게 하고 행복하게 해주는 비법이 되고 있다. 쓰면 쓸수록, 쓸 말들이 더 많아지는 신기한 책 쓰기, 이 책 쓰기가 있어서 당당히 세상을 살아가고, 내 삶에도 충실할 수가 있다고 본다. 타인에게 긍정적인 영향도 분명히 미치고 있다고 생각한다. 책 쓰면 스스로 성장하기에 그 에너지는 주위 사람들에게도 전달된다. 나도 좋고 남도 좋은 삶이 바로 책 쓰는 삶, 작가의 삶이다.

작가는 매일 쓰는 사람을 작가라고 했다. 〈책성원〉 단톡방에서는 하루도 거르지 않고 데일리 미션 인증 연서를 단다.

"1. K 작가 (287일 차. 필/퇴) 12월, 1일 차"

연서는 이렇게 간단히 단다. 처음 보는 사람들은 조금 헷갈릴 수 있는데, 간단히 설명하자면, 앞에 자신의 이름을 쓴다. 그리고 괄호 안에, 그동안 자신이 필사한 날짜의 수를 먼저 적는다. 그리고 "필/퇴"의 의미는 자판 필사와 퇴고라는 의미이다. 보통은 "필/감"을 적는데, 이것은 자판 필사했고, 인스타그램에 감상 글을 썼다는 의미이다. 여기에서는 개인 저서든 공저든 초고를 쓰거나 퇴고했을 때도 필사와 감상 글 대신에 연서 달면 된다. 만약, 초고를 썼다면 "초"라고 표시하면 된다. 퇴고했으면 "퇴"로 표시한다. 감상 글이든, 퇴고든, 초고든, 자신의 글을 쓰고 다듬는 것이니, 미션 수행 완료로 인정한다. 마지막의 날짜는 그달에 미션 수행이 며칠 차인지를 표시한다. 매달 새롭게 세팅이 되는 부분이다. 최소 15일 이상은 자판 필사와 감상 글쓰기를 권하고 있다. 하지만, 매일 하는 것이 가장 좋다. 매일 하면 처음에는 조금 적응하는 시간이 필요하겠지만, 적응되면, 그다음에는 밥 먹듯이 매일 하게 된다. 이것이 가장 쉽고, 글쓰기 성장의 효과도 크다. 하루라도 건너뛰면, 그다음 날 하기는 더 어려워지는 것이 일반적이다. 이런 상황이 싫어서라도 나는 가치 있는 것으로 판단하는 것들은 매일 하는 쪽을 택한다.

다시 강조하지만, 자판 필사는 매일 하는 것이 좀 더 쉽게 할 수 있는 방법이다. 자판 필사를 하는데, 일반적인 걸림돌은 첫째는 자판 치기가 익숙하지 않다는 점, 둘째는 필사에 대한 고정관념이 있다는 점, 셋째는 남의 글 대신에 차라리 내 글을 쓰겠다는 점이다. 보통, 사람들이 책 쓰는데, 자판 필사부터 하라고 강조하면 이 3가지 중 하나의 문제들을 가지고 자판 필사를 하지 못한다. 나이가 많거나, 컴퓨터와 친하지 않은 사람일 경우에는 첫 번째의 문제의 고비에 발목이 잡힌다. 자판 치기가 어려워 손 필사로 A4 2장을 쓴 사람도 있었다. 손이 너무 아파서 손으로 그렇게 많은 글의 양을 매일 쓰기가 쉽지 않다.

결국, 그 사람도 며칠 하다가 포기했다. 외국에 사는 사람일 경우, 자판이 영어로 되어 있어 과거 한글자판을 상상하면서 자판 필사를 한 경우도 있다. 그래도 작가 되고 싶은 열망이 강하기에 점점 자판에 적응하여 자판 필사하는 것이 크게 무리 없이 일상이 되었다고 했다. 두 번째로 자판 필사를 못 하는 이유는 필사에 대한 고정관념이 강할 경우이다. 자판 필사도 필사의 한 종류이기에 필사의 강한 고정관념이 그대로 적용이 되었다. 예를 들어서 남의 글을 베끼는 것은 내 글쓰기에 전혀 도움이 안 된다고 생각한다. 또한 필사 자체가 특별한 재미가 없을 것이란 생각도 한다. 하지만 둘 다 잘못된 생각이다. 필사는 재미도 있고 글쓰기 성장에도 탁월한 비법이다. 자판 필사를 꾸준히 하면 긴 글쓰기에 자신감이 생긴다. 세 번째의 경우에는 남의 글 대신에 차라리 내 글을 쓰겠다는 생각인데, 이 부분도 역시 잘못한 생각이다. 내 글을 쓰기가 그렇게 호락호락하지 않다. 더군다나 책을 쓰기 위해 처음부터 내 글을 쓴다는 것은 글쓰기를 타고난 사람이라도 쉽지 않다고 본다. 그렇기에 자판 필사를 해야 한다. 그리고 자판 필사를 고민 없이 점점 쉽게 하기 위해선 매일 거르지 말고 하길 권한다.

감상 글쓰기도 역시 자판 필사한 직후 이어서 써보는 것이 좋다. 자판 필사를 주로 한글 프로그램에서 쓰지만, 감상 글쓰기는 인스타그램에서 쓰고 있다. 인스타그램이란 플랫폼은 글쓰기 연습하는 곳으로 최상의 공간이라고 나는 판단한다. 감상 글쓰기는 필사 후에 필사한 내용 중에서 마음에 와닿는 부분을 한 문장이라도 좋으니, 써보는 것이다. 예를 들어서, 《내 인생 첫 책 쓰기의 비법은 필사이다》의 내용 중에 제2장, 필사를 꺼리는 무의식적인 이유라는 부분이 있다. 이곳에서 첫 번째 꼭지 제목으로 "베껴 쓰는 것이기에 얻는 것이 없다"란 부분을 필사했다면, 필사 후에 마음속에 이는 한 가지가 있을 수 있다. 내가 쓴 책이지만 이 부분을 간단히 필사하고 난 뒤에 '베껴 쓰는 것에 관한 보편적인 우리의 부정적인 사고이다.'란 생각이 들었다. 뭔가를 베끼는 것은 나쁜 것이고 내가 스스로 창조해서 만드는 것은 좋은 것이란 고정관념들. 어쩌면 이런 고정관념 때문에 사람들이 필사를 적극적으로 실천하지 않았다는 생각이 들었다.

감상 글쓰기를 데일리 미션 수행에 넣는 이유는 감상 글쓰기가 나의 내면을 표현하는 연습이 되기 때문이다. 결국, 책을 쓰려면 자기 내면을 있는 그대로, 독자가 공감하도록 표현할 수 있어야 한다. 감상 글쓰기를 하면 이런 연습이 된다. 평상시 꾸준히 나를 표현하는 연습을 하게 되는 것이다. 자판 필사가 글로 표현하는 글 근육을 내 몸에 만든다면, 감상 글쓰기는 근육을 움직여서 내 안의 것들을 밖으로 끄집어내는 성향을 형성해 준다고 할까? 그렇게 정의 내릴 수 있다. 어떤 상황에서도 떠오르는 감정과 생각이 있을 것이다. 그것을 글로 자꾸 표현해야지, 감정과 생각들이 더 많이 떠오르면서 스스로 인지할 수 있다. 나는 처음 글을 쓸 때 '아무 생각이 없이 살았나?' 하는 의심이 들 정도로 어떤 말을 써야 할지를 몰랐다. 하지만, 글을 자꾸 쓰다 보니, 떠오르는 감정과 생각은 더 많아졌고 그것을 쓰면서 내 마음을 내가 더 자세히 알게 되었다. 쓰지 않으면 모른다. 스스로 막막해질 뿐이다. 말로 하지 않더라도 글이라도 내 감정과 생각들을 적다 보면, 내 안의 감정과 생각은 명확해지고 정리가 된다. 그것을 다시 글로, 책으로 쓰는 것이다. 자판 필사뿐 아니라 감상 글쓰기가 그래서 작가 되는 2가지 핵심 비법이라고 말한다.

작가가 되기 위해 2가지 핵심 활동이 있다고 했다. 그것은 자판 필사하고 필사 후 감상한 것을 글로 쓰는 것이다. 자판 필사는 요즘 시대에 누구나 할 수 있는 아주 쉬운 방법이다. 쉽다고 우습게 봐서는 안 된다. 그 쉬운 방법으로 글쓰기, 책 쓰기 기초 실력이 쌓이는 것이다. 쓰지 않고 책을 쓰겠다고 하는 사람들을 보면 참 안타깝다. 아주 쉬운 글쓰기 방법인 자판 필사가 있는데, 그것을 까마득히 알지 못한다. 아는 사람의 입장에서는 정말 강조, 또 강조하면서 알려주고 싶다. 그래서 나는 《자판 필사》란 제목으로 유페이퍼에 전자책을 등록했다. 《책 쓰기의 해법, 자판 필사》란 제목으로 유페이퍼에 2번째로 등록함으로써 자판 필사를 재강조했다. 책을 쓰고 싶은 사람이라면 책 쓰기 꿈을 마음에만 간직하지 말고 자판으로 남의 책부터 필사하면서 서서히 글쓰기 몸 만들고 내 안의 무엇인가를 끄집어내는 연습을 해보아야겠다. 옷 가게에서 가격을 비싸게 붙여두면 생각 외로 구매자가 더 많이 사서 간다고 장사하시는 분이 하는 말을 들었다. 책 쓰기 비법도 뭔가 특별한 비법이 있을 것으로 생각하는 경우가 많은데, 비법은 단순한 데에 있다. 고가의 책 쓰기 수업에서 그런 기대가 더욱 큰데, 뭔가 특별한 비법이 있을 것이란 기대는 절대 하지 말길 바란다. 자판 필사와 감상 글쓰기가 책 쓰기에서는 최고의 비법이다. 〈책성원〉의 작가들이 인생 첫 책을 대부분 써내는 이유도 자판 필사와 감상 글쓰기의 가치를 빨리 알아챘기 때문이다. 작가가 되고 싶은가? 스스로 자문해 보자. 만약, 그렇다면 자판 필사와 감상 글쓰기부터 믿고 시작해 보시길 강조한다.

꾸준히 쓰는 사람이 책을 쓴다

"작가님, 책 쓰는 것 좀 도와주실 수 있으신가요?"

K 작가로부터 연락이 왔다. 나는 의아해했다. 이 작가는 벌써 책을 낸 사람이었다. 그런데 굳이 나에게 도움을 요청하는 이유가 아리송했다. K 작가도 나와 같은 멘토를 통해서 인생 첫 책을 썼고, 공저도 여러 권 출간한 기성작가이다. 그런데도 굳이 또 다른 멘토를 찾는 이유가 무엇일까? 처음에는 이해하지 못했다. '다른 의도가 있나?' 하며 망설였다. 직접 전화 통화를 하게 되었다.

"작가님, 작가님은 책을 이미 출간하셨는데, 저에게 연락하셨네요?"

"네, 작가님, 저는 이미 책을 출간했어요. 하지만, 다시 책 쓰기가 쉽지 않습니다. 그동안 집안에 일도 있고 해서 1년 정도의 공백 기간이 있었습니다. 그런데 다시 쓰려고 하니, 잘 써지지 않아요. 어떻게 해야 할 지 몰라 작가님에게 연락드렸습니다."

한편으로 이해가 갔고, 또 한편으론 이해가 가지 않는 말이었다. 하지만 지금은 이해가 간다. 책을 여러 권 쓴 작가들도 중간에 공백 기간이 생기면, 다시 원래의 글쓰기 역량대로 되돌아오는데, 시간이 필요하다. 사람의 몸은 하던 대로 하려는 성향이 있다. 그래서 하던 대로 책을 안 쓰고 살았다면 책 쓰기가 쉽지 않을 수 있다는 것이 맞다. 책 쓰기의 가치를 평생 내 삶에 활용하려면 어떤 방식으로든 글을 쓰고 꾸준히 책을 써야 한다.

나 또한 하루 중에서 가장 중요한 일로 1꼭지 쓰기를 정해두었다. 나는 직장인이면서 내 삶을 사례로 해서 책을 쓰고 있다. 주로 쓰는 주제는 책 쓰기, 독서, 글쓰기, 새벽 시크릿, 여행 에세이, 기타 등이다. 이런 주제는 나의 삶을 이야기하고 있다. 나의 일상이라고 할 수가 있다. 아침마다 책을 쓰기에 책 쓰기의 스킬은 점점 더 업그레이드되고 있는 듯하다. 이런 경험과 노하우를 또 책으로 펼쳐내고 있다.

독서는 책을 쓰는 사람들에게 기본적으로 하는 일상사이다. 책 쓰기의 가장 기본적인 재료는 책이기 때문이다. 그리고 직장 다니면서 책을 쓰기 위해서 마인드 컨트롤이 중요한데 마음을 잘 관리하는 방법으로 의식관리가 중요하다고 본다. 의식 책이라면 나는 주로 네빌 고다드의 책을 읽고 있고, 이 네빌 고다드는 바쁜 사람이 책 쓰기를 하는데, 좋은 의식 책이라고 생각한다. 나는 《책 쓰기도 의식이 답이다》을 출간하기도 했다. 네빌 고다드는 보통 꿈과 목표를 현실로 만들기 위해서는 내 안 의식을 먼저 그 꿈과 목표가 달성된 상태로 만들어야 한다고 강조한다. 왜냐하면 나의 모든 결과물은 내 의식의 산물이기 때문이다. 어려운 목표치라도 자꾸 내 생각과 의식을 그 목표에 미리 가져다 두면 결국, 그것은 현실로 드러난다는 것을 강조한다. 나는 의식을 관리하면서 1꼭지 쓰기를 매일 도전하고 있다.

이렇게 1꼭지 쓰기를 하루 최고의 목표로 삼는 이유는 매일 쓰기 위해서이다. 하루라도 쓰지 않으면 하루만큼 쓰기에 어색함을 느낀다. 그래서 어떤 방법으로든 써야 하는데, 나는 책을 쓰기 전의 예비 작가는 아니기에 필사보다는 내 글 1꼭지를 쓴다. 주로 이른 아침 시간이나 새벽과 주말 시간을 이용해서 나는 꼭지 글을 쓴다. 사실, 직장을 다니면서 집안일도 하면서 책을 쓰기는 의식을 단단히 잡아 두지 않으면 책 쓰기가 물 건너갈 수 있다고 생각한다. 《새벽 시크릿》이란 책을 쓸 정도로 나는 새벽을 사랑했다. 새벽 기상은 책 쓰기만큼이나 가치가 있다고 생각했었다. 지금은 일어나는 시간이 조금 뒤로 늦추어졌다. 한참 새벽 기상의 가치에 심취해 있을 때는 새벽 4시 기상도 도전했었다. 새벽 4시에 일어나면 세상이 온통 내 편인 것처럼 느껴지는데, 내가 무엇을 하든지 새벽이 나를 도와준다. 어떤 일을 해도 몰입해서 할 수 있는 시간대가 바로 새벽 시간대였다. 하루에 1꼭지씩을 쓸 수도 있었다. 보통, 20권 이상을 출간한 나도 A4 2장을 쓰려면 최소 1시간 30분에서 2시간은 걸린다. 그러니 4시에 일어나서 2시간 소요해서 1꼭지를 쓴다고 해도 6시가 된다. 그럼, 그 시간에 간단히 읽고 아이들 아침 준비하고 나도 출근할 것 챙기고 하면 시간이 딱 맞아떨어진다. 새벽 기상의 가장 좋은 방법은 그 전날 저녁에 일찍 자는 것이니, 책 쓰기를 통해서 정말 바른 생활맨이 되어갔다. 책 쓰기를 위한 규칙적인 삶은 저녁 시간을 허투루 사용하지 않고 새벽에 일어나서 몰입해서 원하는 일을 할 수 있게 해서 자연스럽게 행복감을 느끼는 삶을 살았다. 지금도 아침 시간에는 무조건 1꼭지 쓰기 시작한다. 서론까지만 쓸 때도 있고, 본론까지 쓸 때도 있다. 부족한 시간만큼만이라도 꼭지 글을 쓰고 있다. 이렇게 쓰면, 나는 1꼭지 쓰기를 매일 하게 되는 것이고 매일 한 만큼, 책 쓰기에 대한 노하우도 늘어간다. 그리고 더 중요한 것은 1꼭지 쓰는 감을 계속 유지해서 글쓰기 어려운 어떤 상황에서도 나는 1꼭지를 써내고 출간도 할 수 있게 되는 것이다.

예비 작가들이 꾸준히 쓰는 방법으로도 자판 필사와 인스타그램 글쓰기를 추천한다. 예비작가는 이제 곧 자신의 이름을 건 책이 출간되기 전의 사람을 말한다. 아직 책 쓰기에 있어서 모든 것이 서툴다. 그런데도 책을 쓰고자 한다면, 평상시 글을 꾸준히 써야 한다. 내 글을 쓰는 것이 처음에는 쉽지 않은 것이 문제인데, 그래서 예비작가일 경우, 꾸준히 글을 매일 쓰기 위해서 필사와 인스타그램 글쓰기를 일상으로 만들어서 쓰면 되는 것이다. 〈책성원〉 단톡방에서는 매일 1꼭지 필사하고 감상 글 쓴 것을 인증한다. 쓰는 일상을 만드는 데 단톡방 인증이 도움이 많이 된다. 요즘은 어떤 목표를 가지고 함께 단톡방에서 목표치를 공유하고 서로 격려하면서 하루하루 목표를 향해 나아가는 앱들이 많이 있다. 단톡방도 그런 용도로 활용할 수가 있다. 〈책성원〉 단톡방에 소속되어 있지만, 매일 글 쓰는 일상을 만드는 데 단톡방을 활용하지 못할 때, 참 안타깝게 생각한다. 책 쓰기를 마음먹었다면, 시간을 벌기 위해서도 필사와 인스타그램 글쓰기를 시작해야 한다. 사람들이 착각하는 것 중의 하나는 책을 쓸 때, 모든 여건이 조성되있을 때까지 기다렸다가 쓰겠다고 생각한다는 점이다. 하지만, 그런 환경과 여건은 나에게 찾아오지 않을지 모른다. 아니, 대부분, 책 쓰기 딱 좋은 상황은 오지 않는다. 책 쓰기에 좋은 여건은 기다려봤자 소용이 없다는 것이다. 책 쓰기 좋은 환경은 오지 않는다는 사실을 먼저 인지한다면, 지금 당장 필사하고 감상 글쓰기부터 시작하면 된다.

지금 쓰겠다는 생각 자체가 결국, 우리를 꾸준하게 쓰는 사람으로 만든다. 지금은 할 수 없다고 생각하면 정말 생각대로 할 수가 없어진다. 하지만, 열악한 환경이지만, 내가 해내고 말겠다고 생각을 바꾸면 실제 생각대로 해낼 수 있는 것이다. 어떤 일도 마찬가지이고 쓰는 일도 마찬가지이다. 내가 내 글을 쓸 힘이 없다면 남의 글이라도 쓰면서 쓰는 활동을 꾸준히 하는 것이 관건이다. 남의 글쓰기가 사실은 내 글을 쓸 수 있는 비법이란 것을 남의 글을 베껴 쓰면서 깨닫게 된다. 대부분 사람은 이런 과정을 통해서 내가 하고 싶은 말을 맘껏 글로 쓰게 되는 것이다. 사실은 글쓰기 타고난 사람도 처음에는 이런 과정이 필요하다. 내 안의 글 쓰는 재능이 있는지 없는지, 써보지 않고는 알 수 없는데, 한 번도 해보지 않은 쓰기를 연습하듯이 남의 글을 쓰면서 자신의 쓰기 잠재력을 끄집어내고 발견하게 되는 것이다. 자판 필사와 감상 글쓰기부터 매일매일 빠지지 말고 성실히 하는 것이 예비 작가들은 책 출간의 소요 시간을 줄이는 최고의 방법이 될 것임을 강조하고 싶다.

결국, 책 쓰기도 꾸준히 쓰는 사람이 성공한다. 책 쓰기의 꿈을 가지고 있지만, 쓰지 않은 사람에게는 책 쓰기가 요원한 일이 될 것이다. 어떤 목표치라도 그 목표치에 합당한 행동 하나를 정해서 꾸준히 그 행동을 해야 근육이 생기고 아이디어도 생겨 결국에는 원하는 목표치를 달성하게 된다. 책 쓰기도 마찬가지인데, 책 쓰기의 핵심 활동이라면 바로 "쓰기"이다. 쓰기를 매일 해야 한다. 예비작가일 경우, 내 글이 서툴다면 남의 글을 매일 쓰길 권한다. 남의 글쓰기는 바로 필사인데, 필사를 손으로 하는 것이 자판으로 두드리면서 A4 2장 분량을 매일 써야 한다. 이것이 바로 자판 필사인데, 만약, 책 쓰기 모임이 있다면 데일리 인증하면서 쓰기를 거르지 않는 것이 글쓰기 실력을 높이는 데는 최고이다. 그리고 대부분 사람은 남의 글 쓰는 과정을 거쳐야 내 글도 쓸 수 있다는 점, 강조하고 싶다. 필사와 함께 인스타그램의 감상 글을 한 문장이라도 쓰는 것도 권한다. 그렇게 되면 금상첨화이다. 글쓰기, 타고난 사람은 그리 많지 않다. 기능을 익히듯이 꾸준하고 성실하게 글을 쓰는 사람에게 책 쓰기라는 꿈도 자연스럽게 달성이 될 것이다. 꿈과 목표 달성의 메커니즘은 모두 비슷하다. 도움의 손길만을 의지한다면 시간 낭비만 하게 될 것이다. 책 쓰기도 결국 본인이 해내는 것이다. 옆에 멘토가 있다고 멘토만 믿어도 안 된다. 나 자신을 믿고 꾸준히 내 글이든 남의 글이든 쓸 때, 책 쓰는 삶을 살 수 있을 것이다.

자판 필사하면 글쓰기 자신감이 생긴다

현재 시각 : 06:34

1꼭지 쓰기 : 07:34~08:00

아침에 나는 꼭지 글을 쓴다. 오늘 아침에는 출근하기 전까지 1시간의 시간이 남았다. 많지 않은 시간이지만, 노트에 시간과 꼭지 제목을 기록하고 꼭지 글을 쓰기 위해 개요 쓰기부터 했다. 꼭지 글은 무조건 개요 쓰기를 먼저 해야 한다고 생각한다. 처음 책을 쓸 때, 꼭지 글을 쓰지 못해서 방황했었다. 그때 누군가가 꼭지 글을 쓸 때는 개요 쓰기 비슷한 것을 해서 계획을 세운다고 이야기해 주었다. 그래서 알게 되었다. 집을 짓기 위해 설계도를 먼저 만들 듯이 1꼭지 글이라도 쓰기 위해선 계획이 필요하다는 것을. 사실, 개요 쓰기를 하니까 글이

삼천포로 빠지는 일이 줄어 들었다. 개요 쓰기를 하는데도 시간이 걸린다. 만약, 초보 작가라면 30분, 1시간 정도 소요될 수 있다. 처음 꼭지 글을 쓰는 예비작가라면, 시간을 염두에 두지 말고 써야 한다. 왜냐하면, 시간을 따지다 보면, 1꼭지 쓰는 법을 익히는 데 소홀할 수가 있다. 시간을 따지면서 하는 꼭지 글쓰기는 책을 여러 권 출간하고 난 뒤에 생각해 볼 부분이다. 개요 쓰기 후 나는 꼭지 글을 일사천리로 써나간다. 물론, 막힐 때도 있지만, 일단, 출근 시간까지 되도록 많이 완성하려고 내 안의 잠재력을 모두 끄집어낸다. 다행스러운 것은 아침 시간이다 보니, 몰입해서 쓸 수가 있다. 뭔가를 할 때 시간대가 중요하다. 특히 글쓰기일 때, 더욱 그렇다고 생각한다. 집중이 잘 되는 시간이 바로 하루 중 글을 써야 할 때이다. 그렇게 바쁜 아침 시간에도 서두르는 이유는 1꼭지 글쓰기에 대한 자신감이 생겼기 때문이다. 여러 권의 책을 쓰고 보니, 아침 여유 없는 그 시간에도 나는 한 꼭지 글쓰기를 시도한다. 상식적으로 도저히 글을 못 쓸 상황이더라도 그동안 책을 써온 자신감은 나에게 글을 쓸 수 있다고 힘을 북돋아 준다. 자신감은 계속 책을 쓸 수 있게 하는 중요한 부분이다.

책 쓰기를 하지 못하는 이유 중의 하나가 글쓰기에 대한 자신감 결여 때문이다. 자신감은 원하는 바를 과감히 실행하는 실천력을 높이게 한다. 자신감이 없다면 어떤 행동도 시작하기 쉽지 않을 것이다.

더군다나 책 쓰기라면 더욱 시작하기 어렵다. 그 자신감을 가지기 위해서 전략이 필요하다. 〈책성원〉에서 작가들을 2가지 부류로 나누어 보면, 한 부류는 꾸준히 필사하고 다른 부류는 필사를 잘 하지 않는다. 꾸준히 하는 작가는 하루도 빠지지 않고 필사한다. 캐나다에 있는 예비작가 한 사람은 멀리 이국땅에서도 필사를 게을리하지 않는다. 멀리 캐나다에 살고 있어서 물리적 거리감이 심리적 거리감을 만들지 않을까? 염려했는데, 다행히 그렇지 않고 오히려 제일 열심히 데일리 미션인 필사를 하고 있다. 사실, 〈책성원〉은 온라인 모임이기에 작가들이 다양한 지역에 살고 있다. 대구, 구미, 안양, 수원, 서울, 양평, 파주, 기타 등, 이다. 멀리 외국 땅인 캐나다에도 있으니, 〈책성원〉내에서도 세계화가 되었다. 그리고 보니, 미국에도 한 사람이 있다. 그 전에는 호주에 사는 사람도 〈책성원〉에서 공저를 썼었다. 코로나19 이후에 글쓰기 과정에도 변화가 생긴 것이 맞다. 글쓰기 하면 서로 얼굴 보면서 하는 것이 자연스러운 일이라고 생각했지만, 책 쓰기도 온라인 모임으로도 충분히 가능했다. 글쓰기는 결국, 자기 실천력이 중요하기 때문이라서 온라인 방식이 전혀 문제가 되지 않았다. 매일 쓰면서 단톡방에 인증하고, 멘토의 경험과 노하우를 수시로 들으면서 자신만의 글쓰기 페이스를 유지할 수가 있다. 오히려 온라인 글쓰기 모임이 장점이 있다. 멘토와 지역이 다르더라도 온라인상에서 실시간으로 소통이 가능하다는 것이 장점이라고 여겨진다. 온라인 모임이 지역의 한계를 뛰어넘어 글쓰기 실력을 키우는데, 더 유익하다는 생각도 든다. 대면 모임일 경우에는 급속도로 친해지는 장점이 있지만, 너무 친한 것이 원하는 결과물을 산출하는 데 꼭 긍정적인 이바지를 하는 것은 아니라는 생각이다. 약간의 거리를 둘 때, 우리가 원하는 목표를 더 수월하게 달성해 나간다고 본다. 그런 측면에서 온라인 모임은 책 쓰기 결과물을 내는 데는 좋은 방법이라고 할 수 있다. 그래서 캐나다에 사는 사람도 전혀 문제없이 필사하고 모임 참석하고 책 쓰기 능력을 차곡차곡 쌓아갈 수가 있다.

또 한 부류는 필사를 열심히 하지 않는 부류인데, 다소 걱정이 된다. 그래서 여러 번 단톡방에서 필사의 중요성을 강조하는 편이다. 필사 못 하는 사정이 여러 가지 있겠지만, 그래도 책을 쓰고자 한다면 필사부터 하는 것이 기본이다. 차일피일 미루면서 필사를 등한시하면 결과는 불을 보듯 뻔하다. 필사하지 않고 글쓰기가 익숙해지지 않을 것이고 글쓰기가 계속 어색하다면 책 쓰기도 어려워질 것이다. 필사는 책 쓰기 기초 체력을 갖추는 것과 같다. 기초 체력이 튼튼히 하지 않다면 책 쓰기 과정 중에서도 다른 문제들이 충분히 발생할 수 있기에 주의해야 한다.

아침마다 내가 읽는 네빌 고다드의 책은 의식을 강화하여 자신감을 갖게한다. 네빌 고다드는 형이상학자이다. "세상은 내 의식대로 흘러간다.", "내 주위에 나타나는 모든 것들은 내가 머물고 있는 의식의 상태가 결정한다.", 기타 등등, 의식의 중요성을 강조한다. 우리의 의식은 곧 세상에 명령을 내리는 것이나 마찬가지라고 했다. 명령을 내리지 않고 세상에 드러나는 것은 없기에 결국, 내 의식대로 명령하고 우리는 살아가게 되어 있다는 것이다. 이런 내용을 자주 읽고 글로 쓰다 보니, 자연스럽게 의식이 단단해지고 세상일들에 쉽게 흔들리지 않게 된다. 예를 들어, 나는 과거에 굉장히 비판적이고 부정적인 경향이 강했다고 스스로 생각해 본다. 하지만, 지금은 그렇지 않다. 똑같은 상황을 보더라도 나는 긍정적인 것에 더 집중한다. 누군가는 주차장에 들어서면서 '주차할 곳이 하나도 없으면 어떡하지?'라고 걱정하지만, 나는 '내가 가는 곳마다 주차할 곳이 있다.'라는 생각을 일부러라도 한다. 신기하게 그런 생각을 했기 때문일까? 주차할 곳이 항상 있었다. 어떨 때는 주차할 곳이 없어서 한 바퀴 돌고 나니, 누군가 차를 빼고 있어서 그곳에 차를 주차한 때도 여러 번 있었다. "세상은 나의 의식대로 되어간다."라는 네빌 고다드의 법칙대로, 나의 삶이 그 법칙대로 되어가고 있다는 것을 생생하게 느낀다. 네빌 고다드는 성경을 예로 들어서 자신의 주장을 펼치는데, 이것을 특별히 종교적으로 부정할 필요는 없다고 본다. 나는 종교인도 아니다. 그저, 네빌 고다드의 주장이 내 삶을 바꾸었고 목표한 것을 이루는데 유용했기에 그의 주장에 찬성하고 실천한다. 네빌 고다드의 책을 읽으면서 나는 의식을 더욱 강화할 수 있었고, 의식뿐 아니라 긍정적인 사고만큼이나 긍정적인 성격이 형성되었다.

의식 책을 읽으면서 의식이 강화되었듯이 자판 필사를 하면 글쓰기에 대한 자신감이 강화된다. 뭔가를 꾸준히 하는 것은 강력한 힘을 발휘한다. 의식 책이 의식을 강하게 하여 자신이 바라는 대로 살아가도록 하듯이 자판 필사는 매일 글을 쓰도록 하여 글쓰기에 대한 나름의 내공이 생기게 한다. 자판 필사는 그 외에도 다양한 효과가 있다. 누구는 자판 필사를 통해서 작가의 마음을 더 잘 이해하고 깊이 있게 저자의 의도를 파악하게 된다. 그럼으로써 삶의 변화를 경험한다고 한다. 또 누군가는 자판 필사를 할 때 자판 두드리는 소리에 몰입하여 불안하고 화나는 불안정한 마음들이 안정된다고 했다. 그래서 화가 나거나 일이 잘 풀리지 않아 정신이 혼란스러울 때 자판 필사를 한다고 했다. 맞다. 사람마다 취약한 부분을 자판 필사가 채워준다. 저마다 필사의 효과를 다양하게 느끼고 있다. 하지만, 뭐니 뭐니해도 자판 필사의 가장 큰 효과는 글쓰기에 익숙해진다는 사실이다. 그럼으로써 길게 쓰는 글쓰기에 자신감이 생긴다. 이 자신감으로 책 쓰기도 도전하고 새로운 삶도 살아가는 계기가 된다.

자판 필사를 통해서 글쓰기에 대한 자신감을 가질 수 있다. 그 어떤 수단과 방법을 사용해도 "글쓰기 나도 할 수 있어."라는 말을 쉽게 못했다. 유명한 강사님을 찾아가면 글쓰기 자신감이 붙을 줄 알고 좀 더 잘 가르치는 강사를 찾고 또 찾는 사람도 있을 것이다. 하지만, 그것은 의미 없다. 유능한 글쓰기 강사가 내 마음에 자신감을 심어주고 글쓰기 실력을 향상해 주는 것이 절대 아니다. 누군가를 찾아서 헤매지 말고, 조용히 책상에 앉아서 자판 필사하길 권한다. 자판 필사하다 보면, 글쓰기 어려움이 술술 풀리게 될 것이다. 최소 1달간이라도 자판 필사해 보자. 사람마다 차이가 있다. 1달에 효과를 못 느낀다면, 2달 정도 필사해 보자. 2달이 안 되면 3달까지 자판 필사하면서 자신을 관찰하자. 그 정도 하면, 서서히 변화가 일어난다. 자판 필사로 부수적인 삶의 변화들도 덩달아 일어난다. 마음이 안정된다거나 깊이 있는 독서 경험을 한다거나 사람마다 자판 필사의 다양한 효과를 체험한다. 그래도 가장 큰 경험과 변화는 글쓰기의 성장이다. 책을 쓸 때, 1꼭지 쓰면서 필사 에너지는 발휘될 것이다. 필사를 건너뛰고 책 쓰기를 한다면, 한마디로 고통스러운 시간이 될지도 모른다. 필사를 하나의 숙제처럼 여기고 대충했다면, 책 쓰면서 필사를 새롭게 해야 할 필요성을 느낄 수도 있다. 이제, 자판 필사하면서 글쓰기 실력을 키워 보자. 글쓰기 타고났든 타고나지 않았든, 특별히 차이는 없다. 그저, 묵묵히 자판 필사하는 사람이 어느 날 문득 책도 쓰고 싶어지고, 필사의 힘으로 자신감을 가지고 책 쓰기에도 도전하고 성공한다는 것을 강조한다.

글 쓰는 몸 만들고 책 쓰기 시작해라

"저 같은 경우엔 초고는 어렵지 않게 그냥 생각나는 대로 썼던 것 같아요. 쓰면서 형식도 익혔고, 피드백도 받으면서 끝까지 일단 쓰고 보자! 는 마음이었어요. 그래서인지 퇴고할 땐 시간이 오래 걸리네요. 네 번째. 3장을 읽고 있는데. 또. 수정할 부분이 생깁니다. 조급하게 생각하지 않고 그만 보고 싶다는 생각이 들 때까지 해보려고요. 저도 책을 쓰는데요. 작가님들 파이팅 하세요."

"멋져요!! 작가님. 초고가 있기에 퇴고를 하시는 겁니다. 퇴고가 끝나면 투고도 가능하고 투고해서 출판사를 만난다면 계약하고 출간까지 순조롭게 진행됩니다. 초고를 쓰는 사람들에게 작가님께서 하나의 길이 되고 있습니다. 퇴고하는 멋진 하루 보기 좋습니다. 홧팅입니다."

　인생 첫 개인 저서를 쓰는 작가가 이른 아침, 단톡방에 글을 올렸다. 나는 바로 답글을 달았다. 예비작가의 글을 보면, 개인 저서 초고는 완성했고 퇴고를 하는 중이며 퇴고하면서 여러 가지 어려운 점을 이야기했다. 초고 쓸 때는 쓰는 것에 집중해서 매일 써나갔고, 퇴고할 때는 수정할 것들이 끝없이 이어진다고 말했다. 이런 내용을 단톡방에 올리면 쓰기를 희망하는 다른 예비작가는 '아, 그렇구나, 초고 쓴 후 퇴고하기에도 어려운 점이 있구나, 그런데도 초고를 써냈고, 퇴고하면서 본격적인 작가 삶에 들어서고 있구나.' 이런 다양한 생각들을 하게 될 것이다. 책 쓰기 단톡방에 자신이 존재한다면, 아침마다 이런 내용을 계속 접하게 된다. 먼저 책을 쓰는 사람들의 책 쓰기에 대한 경험과 생각, 노하우을 엿볼 수 있는 것이다. 내가 속한 환경이 결국 내가 살아갈 환경이 되어간다. 책 쓰기를 희망하는 사람들이 결국, 먼저 책을 쓰고 있는 작가들의 모습을 보면서 자신도 책 쓰는 삶으로 점점 다가간다. 나는 위 작가의 글에 답글을 달았었다. 나로서는 인생 첫 개인 저서를 쓰는 작가를 볼 때면 나의 그 시절이 생각난다. 생생하게 기억된다. 평생 잊지 못할 귀한 시간이다. 그 시간을 다시 되새기면서 그 당시 나에게 가장 필요했던 조언을 내가 예비작가들에게 들려준다. 열심히 책 쓰는 작가를 보면 한마디라도 도움이 되는 이야기들을 들려주고 싶고, 나의 경험과 노하우로 용기를 북돋아 준다. 책 쓰기를 희망하는 작가들에게 단톡방 참여는 필수 사항이라고 말하고 싶다. 글 쓰는 몸을 만드는데, 단톡방에서 깨알 같은 팁들을 얻게 된다.

책 써야 하는 이유를 몇 가지로 정리해 보자면 다음과 같다. 우선은 책 쓰는 삶을 통해서 시련에 관한 생각들이 달라진다. 그럼으로써 삶을 보는 태도가 변화된다고 볼 수 있는데, 쉽게 말해서 시련도 하나의 글감이란 생각을 하게 된다. 삶을 살다 보면 수많은 어려움을 만난다. 그 어려움에 대해서 피하려고 한다면 더 큰 시련이 닥쳐올 수가 있다. 한편으로 어려움의 다른 면을 본다면 그것도 나에게 귀한 시간, 성장의 시간이 될 수 있음을 발견한다. 생각을 바꾸면 같은 힘든 상황일지라도 생각과 태도, 행동이 달라지는 것이다. 시련과 어려움을 하나의 글감이라고 생각하는 자체가 그런 것들에 대한 두려움을 줄여준다. 오히려 어려움, 시련 상황을 찾아다니며 글로 써낼 수 있고, 글로 쓰다 보면, 내가 모르던 시련의 가치들을 발견한다. 둘째는 책을 쓰면, 자신의 존재에 관한 가치를 알게 된다. 출간하기 전에는 내 삶의 가치를 잘 몰랐다. 내 삶을 근거로 한 책들이 출간되면서 내 삶이 새삼 소중해졌다. 내 삶에서 글감들이 수도 없이 쏟아져 나온다. 이것을 책으로 쓰기만 하면 되는 것이다. 결국, 내 삶도 나란 존재가 있기에 가능한 것이기에 나 자신이 소중해진다. 셋째, 책을 씀으로써 내 주변에 있는 가족, 지인, 동료들에게 긍정적인 영향을 준다. 책 쓰기의 가장 큰 수혜자는 타인이 아닌 바로 자기 자신이다. 책을 쓰면서 시련을 수용하는 수용도가 좋아지고 회복탄력성도 높아진다. 이런 나의 삶은 주변에 긍정적인 자극이 된다. 일단 가족들이 엄마의 힘, 아빠의 힘을 깨닫는다. 자녀들도 부모를 따라서 책을 쓰려고 끌쩍거릴지 모른다. 지금 행동하지 못하더라도 책 쓰기에 대한 소망을 가지게 된다. 아이들과 가족은 한마디로 책 쓰기에 대한 벽이 높지 않다. 주변의 지인, 직장동료도 주변에 작가가 가까이 있다는 사실을 감사하게 생각하며 자신도 그런 삶을 살아볼까? 하는 생각을 한다. 그렇게 책 쓰는 삶이 전염되어 책 쓰면서 행복해하는 사람도 많아진다. 결국, 책 쓰기가 나도 좋고 남도 좋은 그야말로 웃음 바이러스 같은 귀한 것이 되는 것이다.

　책 쓰는 삶을 살기 위해서 먼저 할 것은 글 쓰는 몸을 만드는 것이다. 글 쓰는 몸만 만들어진다면 책 쓰기 도전은 훨씬 수월해진다. 어쩌면 자연스럽게 "나도 책 한번 써봐야겠다."라고 결단을 내리게 될지 모른다. 글 쓰는 몸을 만들기 위한 최고의 방법은 역시 앞에서도 강조했듯이 필사이다. 필사도 자판으로 치는 필사를 하면 되는데, 자판 필사가 일상이 된다면 책 쓰기의 씨앗이 뿌려져 책 쓰는 삶을 기대해 볼 수 있다. 나는 인생 첫 책을 쓸 때, 필사의 가치를 알았다. 필사만이 나에게 글 쓰는 근육을 만들게 해주어 인생 첫 책을 쓸 수 있게 할 것이란 사실을 알아차렸다.

인생 첫 책을 출간하고 나는 필사에 대한 경험을 책으로 다시 썼다. 그것이 바로 《내 인생 첫 책 쓰기의 비법은 필사이다》이다. 이 책이 책을 쓰고 싶은 사람들에게 도움이 되었던지, 얼마 전에 개정판이 출간되었다. 2020년 출간이었는데, 벌써 시간이 꽤 지났다. 개정판 출간도 역시 퇴고 과정이 필요하다. 개정판 출간을 위해 퇴고 작업하는 데도 긴 시간이 소비되었다. 시간이 흘러 책 속의 사례를 바꾸거나 수정해야 할 것들이 많아진다는 사실을 또 알게 되었다. 이참에 오타도 수정하고 여러모로 대공사를 해서 개정판을 출간했다. 《내 인생 첫 책 쓰기의 비법은 필사이다》 개정판의 뒤표지에 글 쓰는 몸을 만들기 위해 필사해야 하는 이유가 자세히 나와 있다. 여기서 필사는 자판 필사를 말하는데, 그 내용은 다음과 같다.

첫째, 처음부터 내 글을 쓴다는 것이 쉽지 않다.

둘째, 필사를 통해서 서론-본론-결론, 긴 글쓰기를 몸에 익힌다.

셋째, 책 쓰기의 이론과 실습을 필사로 동시에 연습할 수 있다.

넷째, 필사하면 글쓰기에 점점 익숙해진다.

다섯째, 필사하면서 쓰기에 자신감이 붙는다.

여섯째, 필사하면 나도 내 글을 쓰고자 하는 욕망이 생긴다.

일곱째, 필사로 쓰는 습관이 생긴다.

여덟째, 책 쓰기에 대한 부정적 고정관념이 사라진다.

아홉째, '책 쓰기 나도 시작해 볼까?' 하는 마음이 서서히 생긴다.

열 번째, 필사가 책 쓰기 시작하도록 돕고 책 쓰기 성공에 일등 공신이 된다.

글 쓰는 몸을 만들면 책 쓰기 시작이 수월해지고 결국 책을 써낼 가능성이 높아진다. 책 쓰기도 글쓰기가 기본이다. 책을 쓰고자 하면서 글쓰기와 친해지려 노력하지 않는다면 책 쓰기는 머릿속에서만 존재하는 일이 될 것이다. 글쓰기와 친해지는 방법은 글 쓰는 일밖에는 없다. 이것은 책을 쓰려는 사람에게 가장 기본적인 상식이면서 실천해야 할 중요한 부분이다. 책을 쓰고자 하면서 글을 쓰지 않는다면 책 쓰기는 요원해진다. 내 글이든 남의 글이든 글을 써야 하고 처음부터 내 글쓰기가 쉽지 않으니, 무조건 남의 글부터 쓰길 강조한다. 남의 글쓰기가 시간 낭비인 것처럼 느껴질지 모르겠지만, 사실은 그것이 빠른 길이다. 남의 글을 쓰는 자판 필사를 통해서 많은 양을 매일 꾸준히 쓰다 보면, 글쓰기가 말하듯이 친근하게 된다. 그때가 바로 책 쓰기도 한번 도전하자고 마음먹어도 되는 때이다. 물론, 책 쓰기 과정이나 모임을 통해서 필사부터 차근차근 시간을 쌓아가도 좋다. 어떤 길이든, 남의 글 베껴 쓰기인 필사가 가장 책 쓰기의 기본이란 사실은 변함이 없다. 책 쓰기는 확실히 단단한 삶을 가능하게 하고, 주관적인 삶을 살 수 있도록 돕는다. 힘든 과정에 있는 사람일수록, 삶이 버거운 사람일수록, 책 쓰기에 도전하시길 권한다. 자판 필사하고 책 쓰는 삶, 그 멋진 삶을 응원한다.

우린, 자판 필사하고 책 쓰기 도전합니다

초판 1쇄 발행 | 2025년 11월 14일

지은이 | 수킴 · 민지혜 · 박경운 · 나애정
펴낸이 | 김지연
펴낸곳 | 생각의빛

출판등록 | 2018년 8월 6일 제 406-2018-000094호

ISBN | 979-11-6814-124-7(03190)

원고 투고 | sangkac@nate.com
블로그 | blog.naver.com/sangkac

* 값 19,000원